멈춰 선 당신, 달려가는 AI

멈춰 선 당신, 달려가는 AI
미래를 이끄는 AI 리터러시

초판 1쇄 발행 2025년 4월 20일

지은이 오강록
펴낸이 장길수
펴낸곳 지식과감성#
출판등록 제2012-000081호

교정 주경민
디자인 이현
편집 이현
검수 한장희
마케팅 김윤길

주소 서울시 금천구 벚꽃로298 대륭포스트타워6차 1212호
전화 070-4651-3730~4
팩스 070-4325-7006
이메일 ksbookup@naver.com
홈페이지 www.knsbookup.com

ISBN 979-11-392-2543-3(03000)
값 22,000원

- 이 책의 판권은 지은이에게 있습니다.
- 이 책 내용의 전부 또는 일부를 재사용하려면 반드시 지은이의 서면 동의를 받아야 합니다.
- 잘못된 책은 구입하신 곳에서 바꾸어 드립니다.

지식과감성#
홈페이지 바로가기

멈춰 선 당신, 달려가는 AI

오강록 지음

미래를 이끄는 AI 리터러시

AI 시대에 우리는 어떤 존재로 진화할 것인가?

AI 시대의 진정한 승자는 기술 그 자체가 아닌, 기술을 창의적으로 활용하여 새로운 가치를 창출해 내는 인간이 될 것이다.

들어가며

우리는 인류 역사상 가장 강력한 변화의 물결인 인공지능(AI) 시대의 한가운데 서 있습니다. 개인용 컴퓨터(PC), 인터넷, 스마트폰이 가져온 혁명적 변화를 넘어, AI는 이제 우리 삶의 근본적인 재구성을 예고하고 있습니다. 특히 2022년 11월 ChatGPT의 등장은 AI 기술의 새로운 지평을 열었고, 이는 우리 사회 전반에 걸쳐 전례 없는 패러다임의 전환을 보여 주었습니다.

2025년 현재 더욱더 고도화된 AI 모델과 다양한 AI 서비스들의 발표와 함께 AI Agent 그리고 OpenAI의 o3 및 GPT-5, Google의 Gemini 2.0 모델 등 AGI를 향한 발전이 가속화되고 있으며, 최근 중국의 'DeepSeek'에서 선보인 대규모 언어 모델의 발전과 이로 인한 AI 경쟁에서 새로운 국면의 전환을 예고하고 있습니다. 특히, DeepSeek 모델은 오픈소스 형태로 공개되어 전 세계 개발자들에게 큰 주목을 받고 있습니다. DeepSeek R1 모델의 등장은 많은 논쟁의 이슈가 존재하지만, 중국의 AI 성장 속도와 발전은 한국을 포함한 글로벌 기업뿐만 아니라 개인 사용자들에게도 AI 활용의 문턱을 낮출 수 있다는 중요한 생각의 전환을 던진 내용으로, 이러한 움직임은 AI 기술의 민주화와 동시에 글로벌 경쟁 심화라는 양면성을 보여 줍니다.

필자의 『멈춰 선 당신, 달려가는 AI』(부제: 미래를 이끄는 AI 리터러시)는 이러한 격변의 시대를 살아가는 우리에게 필수적인 나침반이 되고

자 합니다. 본 도서는 단순한 기술 해설서가 아닌, AI 시대를 주도적으로 이끌어 갈 수 있는 실천적 지혜와 전략을 제시합니다. 이러한 변화와 혁신의 시대적 흐름은 이제 누구나 쉽게 AI 기술을 접하고 활용할 수 있게 됨으로써, 이를 올바르게 이해하고 적용하는 능력은 더욱 중요해졌다는 의미이기도 합니다.

AI는 이제 더 이상 실험실 속 기술이 아닙니다. 글로벌 기업들은 이미 AI를 핵심 경쟁력으로 활용하고 있으며, 스타트업부터 전통 산업까지 AI 기반의 혁신이 진행되고 있습니다. 개인의 일상에서도 AI는 업무 효율을 높이고 삶의 질을 향상시키는 필수 도구로 자리 잡아 가고 있습니다. 이러한 변화는 불가피하게 긴장과 기대를 동반하지만, 우리가 필요한 것은 두려움이 아닌 준비입니다.

본 도서는 AI 시대의 핵심 질문들을 다룹니다. AI와 인간의 경계가 모호해지는 상황에서 우리는 어떻게 직업적, 윤리적, 사회적 균형을 찾을 수 있을까요? AI가 대체할 수 있는 영역과 인간만이 가질 수 있는 고유한 가치는 무엇일까요? 이러한 질문들에 대한 답을 찾아가는 과정에서, 우리는 AI와의 협력을 통한 새로운 기회와 가능성을 발견하게 될 것입니다.

주목해야 할 점은, AI 시대에 필요한 역량이 단순한 기술 지식을 넘어선다는 것입니다. 창의적 문제 해결력, 변화에 대한 적응력, 그리고 인간 고유의 공감 능력이 더욱 중요해지고 있습니다. 본 도서는 이러한 핵심 역량을 개발하기 위한 구체적인 방법론과 실제 사례를 제시합니다.

『멈춰 선 당신, 달려가는 AI』는 궁극적으로 "AI 시대에 우리는 어떤 존재로 진화할 것인가?"라는 질문에 대한 답을 찾아 가는 여정이 될 것입니다. 일부 직업이 사라지고 전통적 역할이 변화하는 과정에서도, 인간만이 가질 수 있는 고유의 가치는 더욱 빛을 발할 것입니다.

이 책은 독자 여러분이 AI 시대의 주역으로 성장하는 데 필요한 통찰과 실천적 지혜를 제공할 것입니다. AI와 함께하는 새로운 시대, 이제 우리가 그 중심에 서서 미래를 디자인할 때입니다.

2025년 2월

오 강 록 드림

추천사

서강대학교 소프트웨어 융합대학 학장
박수용 (교수)

"인간과 AI, 미래를 향한 공존의 시작"

AI는 단순한 기술을 넘어 우리 삶의 일부분이 되었고, 산업과 사회 전반에 걸쳐 깊은 변화를 일으키고 있다. 미디어와 예술, 교육, 의료, 그리고 직업의 형태까지 바꾸며, 우리의 일상과 삶의 방식에 깊숙이 스며들고 있다. 이 책은 이러한 시대가 가져온 혁신과 도전을 살펴보며, 기술이 우리 삶에 미치는 영향을 이야기하고 있다.

이 책을 통하여 독자 여러분은 AI의 본질과 가능성을 이해하고, 다가오는 미래에 자신의 역할을 고민할 계기가 되기를 바란다. 변화는 이미 시작되었지만, 그 방향을 결정하는 것은 결국 우리의 몫이다. AI와의 공존을 넘어, 더 나은 미래를 함께 설계해 가는 통찰력을 얻기를 바란다.

㈜엠블록
김기상 (부사장)

바야흐로 AI 시대로 진입하고 있다는 사실을 깨닫는 것은 관련해서 쏟아져 나오는 다양한 콘텐츠들의 양만 봐도 쉽게 알 수 있습니다.

이 책은 그렇게 쏟아지는 정보들 속에서 저같이 미처 모든 정보를 다 쫓아가지 못한 게으른 사람에게 도움이 될 만한 주제들을 정리해서 잘 담고 있습니다.

이 책을 통해 복잡한 기술 내용보다는 "AI 시대에 어떻게 변화에 동참해야 할 것인가?"라는 질문을 스스로에게 가져 보는 즐거운 고민을 해 보는 시간이었습니다.

스타벅스 코리아 최고 운영 책임자(COO)
정윤조 (상무)

이 책은 AI 시대를 살아가는 모든 이들을 위한 필독서입니다. 인공지능의 역사부터 현재 위치, 산업과 사회의 변화, 윤리적 쟁점, 그리고 미래 전망까지 폭넓게 다룹니다. 특히 생성형 AI와 초개인화, 직업의 변화, 마케팅 혁신 등 현실적인 주제를 깊이 있게 분석하여 독자들에게 실질적인 인사이트를 제공합니다. AI가 만들어 가는 세상에서 무엇을 준비해야 할지 고민하는 이들에게 강력히 추천합니다.

SCL 사이언스, SCL 헬스케어 신약개발 지원 본부장
백세연 (대표)

AI가 만드는 세상은 우리에게 새로운 도전이자 기회입니다. 변화의 물결 속에서 인간다움과 AI와 조화롭게 공존하는 미래를 만들어 나가면 좋겠습니다. 이 책을 통해 지혜롭게 AI를 활용하고, 끊임없이 배우고, 도전하고, 인간 고유의 가치를 지켜 나갈 수 있기를 소망합니다.

"나의 가는 길을 오직 그가 아시나니 그가 나를 단련하신 후에는 내가 정금같이 나오리라" (욥기 23:10)

㈜이노헬스케어
김용식 (대표이사)

이 책은 AI 시대에 우리가 어떤 태도를 가져야 하며, 어떻게 준비해야 하는가에 대한 실질적인 통찰을 보여 주고 있습니다. 단순한 기술 설명을 넘어, AI가 산업과 직업, 창의성과 인간의 역할을 어떻게 변화시키는지 분석하고, AI와 함께 준비된 미래를 제시하고 있습니다. AI에 대한 두려움보다는 기회와 가능성에 초점을 맞추면서 AI가 주도하는 시대에 우리가 어떻게 준비해야 할지 고민하는 모든 이들에게 방향을 제시하는 나침반과 같은 책으로 강력히 추천합니다.

(Vietnam) OMI Group CEO
Trần Quốc Dũng

In the age of algorithms, this book offers a crucial perspective: AI is not just about technology, but about humanity. It illuminates the essential skills for navigating the AI era, emphasizing the need for professionals who understand not only the tech, but also business, ethics, and risk—the true makings of a successful CAIO. A must-read for anyone seeking to thrive in the AI-driven future.

(번역)
"AI는 단순한 기술이 아니라, 인간과 깊이 연관된 요소라는 점"
성공적인 CAIO가 되기 위한 진정한 자질에는 기술뿐만 아니라 비즈니스, 윤리, 리스크를 이해하는 전문가가 필요함을 일깨우며, AI 주도의 미래에서 번영하고자 하는 사람이라면 반드시 읽어야 할 책이라 할 수 있다.

에스엠엘 제니트리, 에스엠엘 메디트리
이동수 (대표이사)

AI는 이미 우리들 삶 속에 깊이 들어와 있다. 지금 이 순간에도 우리 일상 곳곳에 스며들어 생각과 행동의 변화를 만들어 가고 있다. 이 책은 AI 시대를 살아가는 데 필요한 기본 소양과 통찰을 제공하는 든든한 길잡이였다. 특히 기술적인 지식보다 더 중요한 건 AI를 바라보는 태도와 시각이라는 점은 다른 책에서 볼 수 없는 신선한 논제를 주고 있다. 기술은 계속 발전하지만, 우리가 어떻게 받아들이고 활용 하느냐에 따라 삶의 방향이 이미 격차가 생기고 있다.
이 책이 던지는 메시지가 독자들에게 의미 있는 통찰을 주고, 빠르게 변하는 시대 속에서 더 나은 선택을 하는 데 작은 도움이 되길 바란다.

목차

들어가며 4
추천사 7

1장
AI 시대의 문을 열며: 인공지능의 시작과 그 배경

1.1 AI의 역사와 현재 16
1.2 AI는 왜 중요한가? 생성형 AI의 등장과 혁신 23
1.3 정보 검색의 진화: 3세대 검색의 도래 26
1.4 생성형 AI와 사회적 파급력 32
1.5 생성형 AI와 윤리적 도전 과제 39
1.6 이미 시작된 AI 시대를 맞이하며 41

2장
AI가 만드는 새로운 세상과 도전

2.1 생성형 AI란 무엇인가? 48
2.2 생성형 AI와 우리 삶의 변화 54
2.3 AI와 창의성의 재정의: 인간과 AI의 협업 71
2.4 윤리적 쟁점: Deep Fake(딥페이크) 그리고 창작의 저작권 74
2.5 AI가 만드는 세상, 인간만의 영역인가? AI의 도전인가? 79

3장
AI가 바꾸는 직업의 미래, 무엇이 필요할까?

3.1 대체 가능한 직업, 불가능한 직업 84
3.2 AI 시대의 전문성 재정의 97
3.3 AI 기술과 전문성의 민주화 114
3.4 AI 시대의 생존 전략: 학습과 재교육의 중요성 120

4장
AI와 초개인화의 시대: 맞춤형 미래를 설계하다

4.1	초개인화의 정의와 중요성	134
4.2	AI가 만드는 맞춤형의 삶(의료, 제조, 교육, 로봇, 엔터테인먼트)	137
4.3	초개인화의 딜레마: 데이터 프라이버시와 윤리적 고려사항	146

5장
미디어와 마케팅의 패러다임 변화

5.1	AI와 디지털 마케팅의 변혁: 광고, 브랜딩, 고객 경험	152
5.2	AI 검색과 마케팅 패러다임의 변화: 검색 엔진에서 AI 에이전트로	161
5.3	AI의 등장으로 변화하는 미디어의 역할	178

6장
2025년 AI 트렌드 5가지 키워드

6.1	AI Agent(AGI)로의 진화	192
6.2	LLM의 지속적 발전과 다변화	209
6.3	LMM(Large Multi Modal) 모델로의 성장	219
6.4	LAM(Large Action Model)의 확산	223
6.5	On-Device AI로의 확장	231

7장
AI와 인류의 미래:
AI는 어디로 가고, 무엇을 준비해야 하는가?

7.1	AI의 미래는 어디로 가고 있는가?	240
7.2	새로운 문명의 언어의 배움 그리고 AI 리터러시	248

1장
AI 시대의 문을 열며: 인공지능의 시작과 그 배경

해당 장은 본 도서의 첫 시작으로 인공지능(AI)이 어떻게 태동하고 발전해 왔는지에 대한 역사를 살펴보고, 현재 주목받고 있는 생성형 AI 기술이 사회 전반에 미치는 영향을 다룬다.

앨런 튜링(Alan Turing)의 "기계도 인간처럼 생각할 수 있는가?"라는 근본적인 물음에서부터, 기계 학습(Machine Learning)과 딥러닝(Deep Learning)을 거쳐 오늘날의 멀티모달 AI와 대규모 언어 모델(LLM)에 이르는 발전 과정을 살펴보며, AI가 단순히 명령을 수행하는 도구를 넘어 인간과 '인지적 파트너'로 공존하게 된 흐름을 짚어 볼 것이다.

이 장을 통해 AI의 기본적인 역사와 현재 지형을 폭넓게 이해하고, 앞으로 맞이하게 될 AI 시대에서 어떤 기회와 과제가 공존하는지 함께 나누어 보고자 한다.

* 본 도서에서 소개될 일부 사례의 설명들은, 해당 도서의 각 장을 진행하는 과정에서 구체적으로 설명됩니다. 이 점을 참고하여 주시기 바랍니다.

1.1
AI의 역사와 현재

　인공지능(AI, Artificial Intelligence)은 인간의 인지 능력을 모방해 다양한 작업을 수행하도록 설계된 기술을 의미한다. AI의 기본 개념은 이미 1950년대 중반에 등장했지만, 당시 기술로는 간단한 규칙 기반 프로그램을 설계하는 수준에 그쳤다. 이러한 AI 개념의 기초는 인간의 문제 해결 능력과 적응력을 기계에 부여하려는 노력에서 비롯되었으며, 이때 AI는 특정한 규칙을 따르며 계산을 수행하거나, 체스와 같은 게임에서 상대방의 움직임을 예측하는 등의 단순한 능력을 발휘했다.

　이처럼 AI 연구는 1950년대에 앨런 튜링(Alan Turing)의 이론에서 시작되었다. 튜링은 기계가 지능적 행위를 할 수 있는지 탐구하는 '튜링 테스트(Turing Test)' 개념을 제시하였으며, 이는 기계와 인간의 사고 능력을 비교하는 철학적 토대가 되었다.

　우리가 AI(인공지능)의 역사를 이야기할 때, 우리는 반드시 '영국 케임브리지의 한 연구실'을 들여다봐야 한다. 1950년 〈계산 기계와 지능〉이라는 논문에서 컴퓨터 과학의 아버지라 불리는 앨런 튜링은 인간과 기계의 경계를 흔드는 질문을 던졌다. "과연 기계도 인간처럼 생각할 수 있을까" 이 물음은 70여 년이 지난 오늘날까지 AI 연구자들의 노트

북 첫 장에 새겨져 있을 만큼 많은 의미를 전달해 주고 있다.

앨런 튜링 (출처: Better Life Design)

앨런 튜링의 논문 발표 이후 1960년대에는 조지프 바이젠바움(Joseph Weizenbaum)이 개발한 초기 자연어 처리(Natural Language Processing, NLP) 프로그램인 '엘리자(ELIZA)'가 등장하였다. 이는 최초의 챗봇이라고 불리는 프로그램이며 심리상담사를 연기하는 결과물로, 기계가 대화를 모방하는 가능성을 보여 주었다. 이러한 연구는 인간과 기계의 상호작용 가능성에 대한 큰 전환점을 이루었다.

ELIZA (출처: 위키백과)

그러나 20세기에 들어서면서 컴퓨터 성능과 데이터 처리 능력이 빠르게 향상되었고, AI는 단순한 규칙을 넘어 데이터를 기반으로 스스로 학습하고 예측하는 방향으로 발전하게 된다. 컴퓨터 성능의 향상과 더불어 데이터 저장 비용이 감소하고, 데이터 분석 기술이 발전함에 따라 AI의 능력도 비약적으로 발전하게 되었다. 이러한 발전은 AI가 단순히 프로그램화된 규칙에 따라 행동하는 것을 넘어, 실제 데이터를 학습하고 적응하는 능력을 갖추게 한 것이다.

초기 AI의 한계와 기계 학습의 등장

AI는 초기에는 특정 규칙에 따라 명령을 수행하는 방식에 그쳤기 때문에 복잡한 상황에서는 한계가 있었다. 특히 예측할 수 없는 상황이나 명확한 규칙이 없는 문제에 대해서는 제대로 대처하지 못했다. 하지만 20세기 중반에 이르러 컴퓨팅 파워가 급격히 향상되면서 AI는 점차 인간의 복잡한 사고를 모방하는 방향으로 발전했다.

이러한 변화의 주요 동력 중 하나는 기계 학습(Machine Learning)의 등장이다. 기계 학습은 이러한 AI의 한계를 넘어서기 위한 중요한 진전이었다. 기계 학습은 규칙에 기반하지 않고 데이터를 통해 학습하는 시스템으로, 데이터를 분석해 패턴을 찾고 이를 바탕으로 예측을 수행하는 능력을 갖췄다. 이 기술의 도입으로 인해 AI는 방대한 데이터를 학습하여 예측 능력을 강화할 수 있게 되었다.

예를 들어, 이메일의 스팸 필터링 시스템은 기계 학습을 통해 특정 유형의 스팸 메일을 분류하며 점차 정확도를 높여 갔다. 이는 단순히 규칙 기반 필터링이 아닌, 다양한 스팸 메일의 특징을 학습해 진화하는 방식으로 발전하게 되었다.

기계 학습의 진보는 특히 금융, 의료, 마케팅 등에서 혁신적인 변화를 가져왔다. 예를 들어, 금융 업계에서는 AI가 은행 거래 데이터를 분석해 사기 거래를 탐지하거나, 위험 관리 시스템을 지원하는 방식으로 활용되었고, 의료 분야에서는 환자의 진료 기록과 생체 데이터를 바탕으로 질병을 조기에 발견하고 맞춤형 치료를 제공하는 도구로 발전하게 된다. 이러한 발전은 AI가 단순히 데이터를 분석하는 데 그치지 않고, 데이터를 통해 학습하고 점차 정교해지는 과정을 거치면서 가능해졌다.

기계 학습은 특히 데이터가 많을수록 정확도가 높아지는 특성을 가지며, 이는 AI의 예측과 분석을 한층 정교하게 만드는 데 기여했다. 데이터의 양과 질이 기계 학습의 성능에 직접적인 영향을 미치기 때문에, 데이터 수집과 처리의 중요성도 더욱 부각되었다. 이러한 발전은 각 산업 분야에서 새로운 기회를 창출하며, AI의 활용도를 높이는 중요한 계기가 되었다.

딥러닝(Deep Learning)과 인공 신경망의 진화

2000년대에 들어서면서 AI는 다시 한번 큰 진화를 맞이하게 되는데, 그것이 바로 딥러닝의 등장이다. 이와 같은 기술을 통해 인공지능의 비약적인 전환기를 맞이하게 된다. 딥러닝은 다층 신경망(Neural Network)을 활용하여, 대량의 데이터를 학습하고 복잡한 패턴을 이해하는 방식이다. 즉, 딥러닝은 인간의 뇌 구조를 모방한 인공 신경망을 사용하여 복잡한 데이터를 여러 계층으로 학습하는 기술로, 기존의 기계 학습보다 더욱 정교하게 데이터를 분석할 수 있게 되었다. 이를 통해 이미지 인식, 음성 인식, 자연어 처리 등 분야에서 특히 뛰어난 성능을 발휘했다. 또한, 2014년 이안 굿펠로우(Ian Goodfellow)가 제안한 Generative Adversarial Network라고 불리는 생성적 적대 신경망(GAN)은 AI가 현실적인 이미지와 콘텐츠를 생성할 수 있도록 하여, AI의 창의적 가능성을 크게 확장하게 하였다.

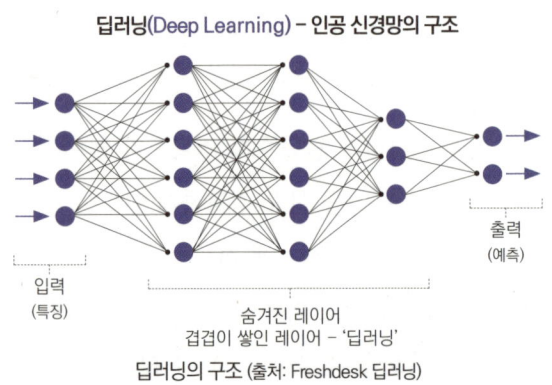

딥러닝의 구조 (출처: Freshdesk 딥러닝)

이러한 딥러닝의 핵심은 인공 신경망의 다층 구조를 활용해 데이터를 계층적으로 학습하는 데 있다. 이를 통해 AI는 매우 복잡하고 비선형적인 데이터 패턴도 효과적으로 학습할 수 있게 되었다. 딥러닝을 통해 AI는 이미지나 음성 데이터의 복잡한 패턴을 인식하고 이를 바탕으로 새로운 데이터를 생성하는 등 다양한 작업을 수행할 수 있게 되었다.

예를 들어, 스마트폰의 음성 인식 시스템은 딥러닝을 통해 사용자가 말하는 내용을 정확히 인식할 수 있으며, 이는 사람과 AI 간의 상호작용을 더욱 자연스럽게 만든다. 이러한 상호작용은 단순한 명령 수행을 넘어, 대화형 인터페이스로 발전하여 사용자 경험을 혁신적으로 변화시켰다. 또한, 의료 분야에서는 AI가 의료 이미지를 분석하여 암이나 심장 질환과 같은 질병을 조기에 발견하는 데 도움을 주기도 한다.

이러한 딥러닝의 발전은 AI가 사람과 더욱 밀접한 관계를 맺고, 복잡한 문제를 해결하는 도구로 자리 잡는 중요한 계기가 되었다. 예를 들어, 자율주행 자동차는 딥러닝을 통해 도로 상황을 실시간으로 인식하고, 주변 차량과 보행자의 움직임을 예측하여 안전하게 주행할 수 있도록 한다. 이는 딥러닝이 복잡한 환경에서도 높은 수준의 의사결정을 가능하게 한다는 것을 보여 준다. 또한 자연어 처리(NLP) 분야에서도 큰 진전을 이루어, 사람의 언어를 이해하고 생성하는 능력을 갖춘 AI를 개발하는 데 중요한 역할을 했다.

AI 활용 딥러닝 활용 '네이버 쇼핑' 사례 (출처: 네이버 공식 블로그)

최근에는 멀티모달 AI(Multimodal AI)처럼 텍스트, 이미지, 음성 등 다양한 데이터를 동시에 처리할 수 있는 모델들이 활발히 개발되고 있습니다. 특히 OpenAI에서 선보인 GPT 모델의 시리즈는 방대한 양의 텍스트 데이터를 학습하여 자연스러운 문장 생성을 가능케 하며, 자동화된 콘텐츠 생성, 번역, 가상 비서 등 여러 분야에서 혁신을 이끌고 있다. 또한 이러한 대규모 언어 모델(LLM)의 가파른 발전 속도는 추론 능력을 갖춘 "o1" 모델 발표에 이어, AGI 수준의 성능을 발휘할 것으로 기대되는 GPT-5 모델 발표까지 빠른 속도로 발전되고 있다.

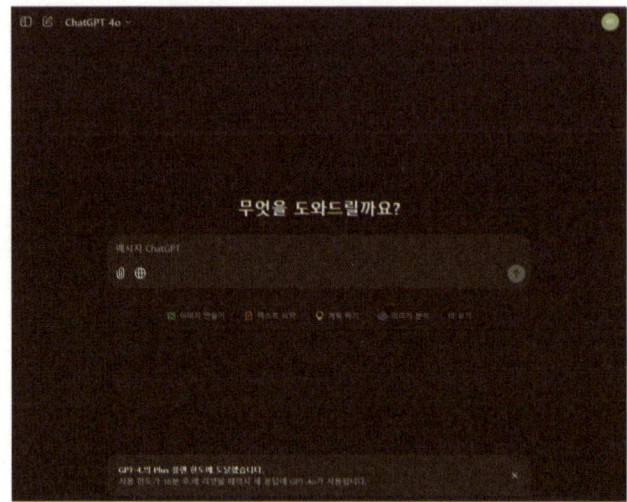

OpenAI ChatGPT UI

　AI의 발전은 기계가 인간의 능력을 보조하는 도구에서 벗어나 점차 '인지적 파트너'로 진화하고 있음을 보여 준다. AI의 정의와 진화 과정을 이해하는 것은 미래에 다가올 새로운 AI 기술을 이해하는 중요한 첫걸음이 될 것이다. AI는 앞으로도 인간의 지적 활동을 확대하고, 새로운 가능성을 열어 주는 도구로 자리 잡아 갈 전망이다.

1.2
AI는 왜 중요한가? 생성형 AI의 등장과 혁신

최근 AI 발전에서 가장 큰 주목을 받고 있는 분야는 생성형 AI(Generative AI)이다. 생성형 AI는 방대한 양의 데이터를 학습해 사용자가 요구하는 텍스트, 이미지, 음악 등 다양한 콘텐츠를 능동적으로 생성하는 기술로, 특히 창의적인 콘텐츠 제작에 많은 변화를 일으키고 있다. 생성형 AI의 대표적인 예는 앞에서 언급하였던 2022년 11월에 발표된 OpenAI의 ChatGPT로, 사용자의 질문을 이해하고 그에 맞는 답변을 자연스럽게 제공하는 능력을 갖추고 있다.

OpenAI의 ChatGPT는 특히 텍스트 기반의 작업에서 사람과 유사한 수준의 언어 이해와 생성 능력을 보여 주며, 정보 제공, 대화형 서비스, 창작 활동 등 다양한 분야에서 사용되고 있다. 이러한 기술은 기존의 정보 검색과 달리, 사용자가 필요로 하는 정보를 보다 자연스럽고 효율적으로 제공할 수 있다는 점에서 큰 강점을 가진다.

텍스트, 이미지, 음악 생성에 활용되는 생성형 AI

생성형 AI는 단순히 텍스트뿐만 아니라 이미지와 음악 생성 등 멀티모달(Multi-Modal) 형식으로 발전하며, 다양한 형식으로 응용되고 있다.

예를 들어, Midjourney 또는 Dall-E, Playground AI 등과 같은 이미지 생성 AI 서비스는 사용자가 텍스트로 제공한 간단한 지시문에 따라 원하는 이미지나 그래픽을 생성해 주는 도구로, 특히 광고, 마케팅, 엔터테인먼트 등 영상 콘텐츠 관련 산업에서 큰 인기를 끌고 있다.

사용자가 특정 주제나 스타일을 입력하면, AI가 그에 맞는 이미지를 자동으로 생성해 주기 때문에 제작자는 시간과 비용을 절감할 수 있다. 이와 같은 이미지 생성 AI는 콘텐츠 제작자들에게 새로운 아이디어를 실험할 수 있는 환경을 제공하며, 콘텐츠의 시각적 완성도를 높이는 데 기여하고 있다. 또한, 이러한 기술은 비전문가도 손쉽게 고품질의 이미지를 생성할 수 있게 해 주어, 디자인과 그래픽 작업의 민주화를 이끌고 있다.

이미지 생성 AI 서비스 (Midjourney)

이처럼 생성형 AI는 창작과 표현의 영역에서 전례 없는 가능성을 열어 주며, 콘텐츠 생산과 창의적 작업 방식을 근본적으로 변화시키고 있다는 점이다. 예술가와 창작자들은 AI를 도구로 활용해 새로운 작품을 만들어 내고, 반복적인 업무를 줄임으로써 보다 창의적인 아이디어와 예술적 시도에 집중할 수 있게 되었다. 이러한 변화는 예술과 기술의 경계가 허물어지고, 인간과 AI가 함께 협업하는 새로운 창작 생태계가 형성되는 시대가 도래하였음을 의미한다.

또한, 음악 생성 분야에서도 AI의 활약이 두드러진다. SunoAI 및 Soundraw 등과 같은 음악 생성 AI 서비스 등과 같은 음악 생성 AI는 사용자가 원하는 스타일이나 분위기에 맞춰 음악을 자동으로 생성하며, 이는 유튜브 영상 제작자, 광고 업체, 영화 제작자 등 다양한 분야에서 활용되고 있다. 특히, 이러한 음악생성 서비스는 가입과 구독 정책에 따라 저작권 걱정 없이 창작물에 활용할 수 있는 음악을 제공해 콘텐츠 제작을 더욱 쉽고 빠르게 만들어 준다. 이러한 음악 생성 기술은 단순히 음악을 제공하는 것을 넘어, 특정 감정이나 분위기에 맞춘 음악을 제작함으로써 콘텐츠의 감정적 연결을 강화하는 데 기여하고 있다.

1.3
정보 검색의 진화: 3세대 검색의 도래

　AI의 발전은 정보 검색 방식에도 커다란 혁신을 가져오고 있다. 과거 1세대 검색(Search 1.0)은 책이나 도서관에서 필요한 자료를 찾아보는 형태였으며, 정보에 접근하기 위해 직접 물리적으로 이동해야 했다. 이 방식은 시간과 노력이 많이 소요되었기 때문에 자료 탐색의 효율성이 낮았다. 이후 2세대 검색(Search 2.0)은 인터넷을 통해 키워드를 입력해 관련 정보를 찾는 방식으로 발전했으며, 이는 정보 탐색의 방식을 획기적으로 개선하였다.

　구글과 같은 검색 엔진이 등장하면서 2세대 검색은 정보 탐색을 크게 변화시켰으나, 여전히 사용자가 검색 결과 중에서 필요한 정보를 선별하고 정리하는 번거로움이 있었다. 사용자는 수많은 검색 결과 중에서 스스로 원하는 정보를 골라내야 했으며, 이를 정리하는 데 많은 시간이 소요되었다. 또한, 검색어를 정확히 입력하지 않으면 원하는 결과를 얻기 어려웠다. 이러한 문제점들은 여전히 많은 사용자들에게 부담으로 작용했다.

AI 기반 대화형 검색의 등장과 3세대 검색

생성형 AI는 이러한 한계를 뛰어넘어 3세대 검색(Search 3.0)을 가능하게 하였다. 3세대 검색은 기존의 검색 방식에서 혁신적인 변화를 이루어 내며, 사용자가 원하는 정보를 더욱 쉽게 얻을 수 있도록 지원하는 형식으로 진화하고 있다.

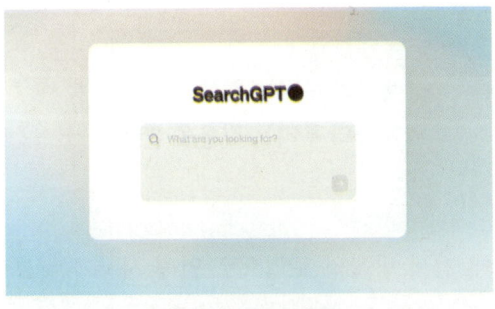

OpenAI의 SearchGPT

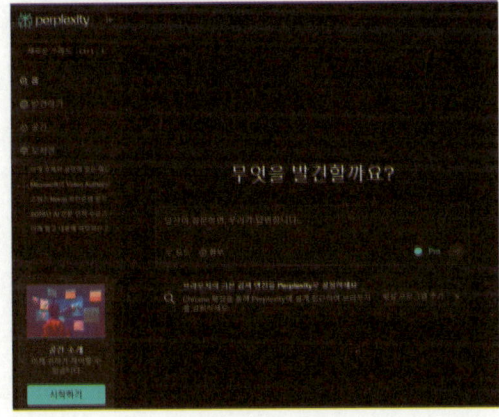

Perplexity UI

최근에는 OpenAI의 Search GPT와 Perplexity 같은 생성형 AI 기반의 '3세대 검색' 방식이 등장하며 화제를 모으고 있다. 이러한 방식은 사용자가 단순히 키워드를 입력하는 대신 자연어로 질문을 하면, AI가 방대한 데이터를 기반으로 맞춤형 응답을 제시하는 구조로, 이를 통해 사용자와의 상호작용이 한층 강화될 뿐 아니라, 검색 결과가 단순 정보 제공에 그치지 않고 의미 있는 대화형 정보로 전환되었음을 의미한다. 이는 기존의 검색보다 더욱 직관적이고 개인화된 정보를 얻을 수 있어, 사용자가 원하는 콘텐츠에 보다 쉽게 접근할 수 있게 하고 있다.

> "예전의 우리는 검색을 했지만,
> 지금의 우리는 질문을 한다."

이러한 3세대 검색 방식의 도입으로 인해 사용자는 보다 더 자연스럽고 직관적인 정보 검색 경험을 할 수 있게 되었다. ChatGPT와 같은 생성형 AI는 사용자의 질문 맥락을 이해하고, 추가적인 정보를 제공하거나 더 깊이 있는 설명을 하는 등 대화형 검색의 새로운 기준을 세웠다.

예를 들어, 사용자가 "AI 기술의 최근 응용 사례는 무엇인가?"라고 질문하면, ChatGPT는 다양한 산업에서 AI가 어떻게 응용되고 있는지 포괄적으로 설명해 준다. 이 과정에서 사용자에게 필요할 수 있는 관련 정보까지 함께 제공하여 질문의 맥락을 이해한 응답을 할 수 있다. 또한 AI는 사용자와의 대화를 통해 질문의 배경을 이해하고, 더욱 정밀한 정보를 제공함으로써 기존 검색 방식에서 볼 수 없었던 개인화된 경험을 가능하게 한다.

이러한 방식으로 사용자는 단순한 정보 검색을 넘어 맥락과 연관성을 고려한 포괄적인 답변을 받을 수 있으며, 이는 정보의 질과 검색 효율성을 모두 높이는 데 큰 기여를 한다. 사용자는 필요한 정보를 한 번에 얻을 수 있으며, 추가 질문을 통해 더 세부적인 내용을 파악할 수도 있다. 또한, 사용자가 더 구체적인 세부사항을 궁금해할 경우, AI는 추가 질문을 유도하거나 예상되는 정보까지 제공함으로써 사용자가 원하는 정보에 신속히 도달할 수 있게 돕는다. 이러한 방식은 정보 검색의 효율성을 크게 높일 뿐만 아니라, 사용자가 검색 과정에서 느끼는 피로감을 줄여 준다.

또한 대화형 검색은 특히 고객 서비스나 의료 상담과 같은 분야에서 강력한 도구가 되고 있다. 고객 서비스 분야에서는 AI가 사용자의 감정과 요구를 파악하여 적절한 어조로 응답함으로써 고객 경험을 크게 향상시킬 수 있다. 이는 고객 만족도를 높이는 데 중요한 역할을 한다.

예를 들어, 기업의 고객 센터에서는 AI 기반 대화형 검색을 통해 고객의 문의 사항에 실시간으로 답변할 수 있으며, 이를 통해 고객 응대 효율성을 높이고 있다. 이는 고객이 원하는 답변을 기다리지 않고 즉각적으로 제공받을 수 있게 함으로써, 고객 만족도를 크게 향상시키고 기업의 신뢰도를 높이는 데 기여한다. 또한, AI는 고객의 질문을 분석하여 그들이 필요로 할 추가적인 정보까지 제안함으로써 보다 포괄적인 서비스 경험을 제공한다. 의료 분야에서도 대화형 검색은 환자가 증상이나 치료법에 대한 질문을 했을 때, 관련된 정보를 빠르고 정확하게 제공함으로써 의료진의 부담을 줄이고 환자의 이해도를 높이는 데 기여한다.

이처럼 생성형 AI를 활용한 3세대 검색 방식은 정보를 접근하는 방식을 혁신적으로 변화시키고 있으며, AI가 단순한 검색 도구를 넘어 다방면에서 활용되는 강력한 도구로 자리 잡고 있다. 또한, 이러한 검색 방식의 발전은 자연스럽게 기존 검색 시장의 강호인, 구글과의 경쟁 구도 관계를 형성하고 있으며, 결과적으로 검색 시장의 중요한 수익인 검색 광고 시장에 영향을 미치고 있다. 이 같은 변화와 혁신은 이후에 다룰 검색 엔진 최적화 방식에도 영향을 미치고 있으며, 기존의 SEO(Search Engine Optimization) 방식에서 AEO(AI Engine Optimization) 방식으로 전환이 필요한 상황이 되었다.

예를 들어, 환자가 특정 증상에 대해 질문하면, AI는 관련된 질병 가능성, 일반적인 치료법, 그리고 추가적인 주의사항 등을 함께 제공하여 환자의 궁금증을 해소하고 더 나은 의료 결정을 돕는다. 이는 의료진이 더욱 중요한 환자 진료에 집중할 수 있도록 하며, 환자는 스스로 자신의 상태를 이해하는 데 도움을 받을 수 있다.

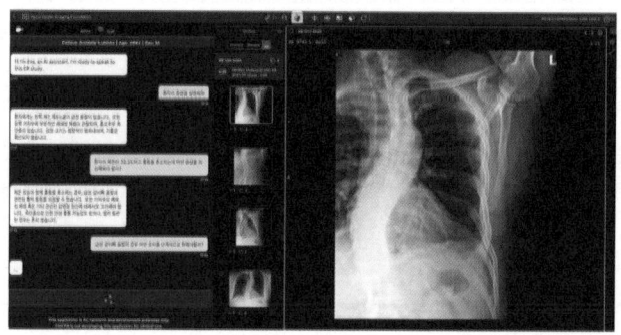

GH Healthcare 미국 필라델피아 어린이 병원 의료 진단 서비스 활용

이 같은 검색 방식의 변화는 교육, 금융, 엔터테인먼트와 같은 다양한 분야에서도 혁신적인 변화를 가져오며, 정보 접근의 새로운 패러다임을 제시하고 있다. 이러한 변화는 정보 접근의 효율성을 높일 뿐만

아니라, 사용자에게 맞춤형 정보와 지식을 제공함으로써 다양한 산업에서 가치를 창출하고 있다.

이러한 기술적 발전은 앞으로도 다양한 분야에서 더욱 심화된 형태로 확장될 것이며, 정보의 접근성과 편의성을 새로운 차원으로 끌어올릴 것이다.

1.4
생성형 AI와 사회적 파급력

앞서 언급한 바와 같이 생성형 AI는 콘텐츠 제작, 교육, 금융 등 다양한 산업에 폭넓은 영향을 미치며, 사회 전반에서 중요한 변화를 일으키고 있다. 콘텐츠 제작 산업에서는 AI가 광고 카피, 기사 작성, 마케팅 자료 제작 등을 자동으로 처리하여 제작 시간과 비용을 크게 절감해 주고 있다. 다음은 이러한 발전으로 각 분야별 사례를 통해 나누어 보고자 한다.

예를 들어, 마케팅 회사들은 AI가 생성한 맞춤형 콘텐츠를 빠르게 생산하여 고객에게 효율적으로 전달하고 있다. 언론사에서는 AI가 작성하는 기사나 보고서를 통해 실시간으로 정보 제공을 강화하며, 독자들에게 신속한 소식을 전달하고 있다. 이는 미디어 산업의 경쟁력을 높이고, 독자들에게 더욱 빠르고 정확한 정보를 전달할 수 있도록 돕고 있다. 또한, 이러한 자동화된 콘텐츠 제작은 사람들에게 더욱 다양한 정보와 관점을 제공할 수 있는 기회를 열어 주며, 다양한 언어와 문화에 대한 접근성도 높여 줄 수 있게 될 것이다.

교육과 금융 분야에서의 AI 응용

생성형 AI는 교육 분야에서도 혁신적인 도구로 활용되고 있다.

예를 들어, 학생들은 AI가 제공하는 연습 문제와 예제를 통해 학습 효과를 높일 수 있으며, 필요에 따라 추가 설명과 사례를 통해 학습 내용을 보충할 수 있다. 이는 학습자의 수준과 필요에 맞춘 개별화된 교육을 지원함으로써, 교육 격차를 줄이고 전반적인 학습 효율을 높이는 데 기여한다. AI를 활용한 교육은 학습자의 학습 패턴과 이해도를 분석하여 맞춤형 학습 경로를 제공하고, 필요한 경우에는 추가적인 학습 자료나 설명을 제공함으로써 학습의 깊이와 폭을 모두 확대할 수 있다. 이는 특히 개인화된 학습을 통해 학습자 각각의 능력과 요구에 맞춘 최적의 학습 환경을 조성하는 데 도움이 된다. 또한, AI는 학습자에게 실시간 피드백을 제공하여 학습 과정에서 발생하는 문제를 즉각적으로 해결할 수 있게 한다. 이는 학습자가 자신의 약점을 보완하고 학습 효율을 극대화하는 데 큰 도움이 된다.

예를 들어, AI 튜터는 학생의 학습 패턴을 지속적으로 모니터링하고, 필요에 따라 학습 계획을 조정함으로써 학습의 효과를 극대화할 수 있다. 이러한 방식은 학습자들이 보다 능동적으로 학습에 참여하고, 스스로의 학습 목표를 달성하는 데 도움을 준다.

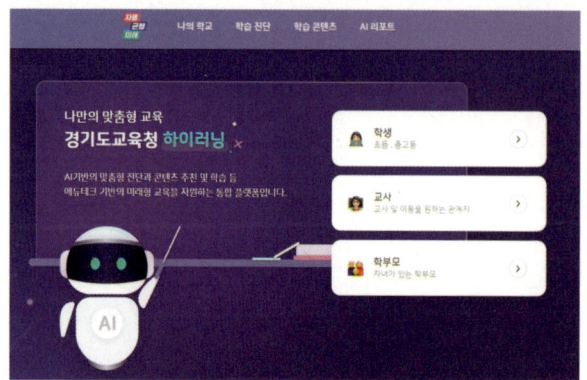

경기도 교육청 AI 기반 교육 플랫폼 (하이러닝)

생성형 AI는 또한 금융 분야에서도 그 활용이 점차 확대되고 있다. 금융 기관에서는 AI를 통해 고객의 금융 데이터를 분석하고 맞춤형 서비스를 제공함으로써, 보다 효율적인 고객 관리와 자산 관리 솔루션을 제공할 수 있다.

예를 들어, AI는 고객의 소비 패턴과 신용 기록을 분석하여 고객에게 맞는 금융 상품을 추천하고, 대출 가능성을 평가하는 데 활용된다. 이러한 방식은 금융 서비스의 개인화를 가능하게 하며, 고객의 다양한 요구에 신속하고 정확하게 대응할 수 있게 한다. AI는 고객과의 상호 작용을 통해 지속적으로 데이터를 수집하고 분석함으로써, 고객의 변화하는 요구에 즉각적으로 대응할 수 있다. 또한 금융 시장의 변동성에 대응하여 투자 전략을 제안하는 AI 기반의 자동화 투자 시스템도 개발되고 있다.

이는 특히 주식 시장이나 외환 시장처럼 빠르게 변하는 시장에서 민첩하고 정확한 대응을 가능하게 해 준다. AI는 실시간으로 시장 데이터를 분석하고, 이를 기반으로 가장 적절한 투자 결정을 내리도록 지원하며, 이는 투자자들에게 큰 이점을 제공한다. 이러한 자동화 투자 시스템은 인간의 감정적 판단에 의한 실수를 줄이고, 보다 객관적이고 데이터에 기반한 투자 결정을 가능하게 한다. AI는 또한 위험 관리에도 중요한 역할을 하여, 시장의 급격한 변화에 대해 사전에 경고하고 적절한 대응 전략을 제안함으로써 투자 리스크를 최소화할 수 있게 되었다.

생성형 AI의 활용은 의료, 교육, 경제 분야를 넘어, 법률 분야로도 확장되고 있다. 법률 문서 분석이나 소송 기록 검토 같은 작업은 방대한 양의 데이터 처리가 필요한데, AI는 이러한 문서를 신속하게 분석하여 변호사들이 사건을 준비하는 데 필요한 시간을 줄여 준다. 특히 법률 AI는 특정 사례에 대한 판례와 관련 법령을 자동으로 검색하고 요약하여 제공함으로써, 법률 전문가들이 더 깊이 있는 분석을 빠르게 수행할 수 있도록 돕는다.

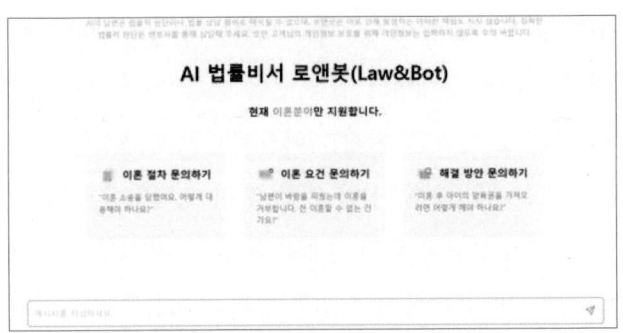

AI 법률 서비스 플랫폼 (출처: 로앤굿 홈페이지 캡처)

이러한 방식으로 생성형 AI는 법률 업무의 효율성을 높이고, 법적 서비스의 접근성을 개선하는 데 기여하고 있다. 이는 특히 법률 자문을 필요로 하는 개인이나 중소기업들에게 더욱 신속하고 저렴한 법률 서비스를 제공하는 데 도움을 줄 수 있다.

이렇게 법률 서비스의 접근성이 높아짐으로써, 더 많은 사람들이 자신의 법적 권리를 보호받을 수 있게 되는 것이다. AI는 또한 법률 문서 작성에서도 중요한 역할을 하고 있으며, 계약서나 법률 서류를 자동으로 생성하고 검토하여 변호사들이 보다 중요한 전략적 업무에 집중할 수 있도록 돕는다. 이와 같은 AI의 활용은 법률 서비스의 질을 높이고, 비용을 절감하며, 법적 문제를 해결하는 속도를 크게 향상시킨다.

예를 들어, AI는 복잡한 법률 문서를 신속하게 분석하여 핵심 내용을 요약하고, 관련 법령과 판례를 연결 지어 제공함으로써 변호사들이 사건을 보다 효과적으로 준비할 수 있도록 한다.

의료와 헬스케어 산업에서의 파급 효과

특히, 생성형 AI의 발전은 의료와 헬스케어 분야에서도 그 영향력이 두드러진다. 많은 산업 분야 중, 특히 의료는 건강과 생명을 다루는 분야로 이전까지는 의료 데이터 활용 등을 통한 AI에 대하여 보수적인 접근 방식이었다고 한다면, 현재는 이전과 다르게 생성형 AI를 활용한 질병 진단, 치료 계획 수립, 신약 개발, 환자 모니터링 등 다양한 의료적 활동 업무에서 중요한 역할 수행을 통한 그 변화를 주도하고 있다고 해도 과언이 아니다. 또한 이러한 변화는 다음의 이미지의 내용과 같이 글로벌 빅테크 기업들의 활동을 통해서는 충분히 알 수 있다.

OpenAI	- AI 암 진단 및 치료보조 플랫폼 전용 Copilot 개발 - 모더나 신약 개발 ChatGPT 지원
Nvidia	- 히포크라틱 AI 협력 의료 로봇 개발 - "BioNeMo" 신약 개발 AI
Google	- 의료 생성형 AI "Med-PaLM2" - 신약 개발 AI "AlphaFold-3"

글로벌 빅테크 기업들의 AI 활용

예를 들어, AI는 환자의 의료 기록을 분석하여 질병의 초기 증상을 조기에 감지하고, 의사에게 신속한 진단을 지원한다. AI가 제공하는 데이터 기반의 진단은 기존의 수작업 분석보다 훨씬 빠르고 정확할 수 있어, 특히 암이나 심장 질환과 같은 중증 질환을 조기에 발견하는 데 큰 도움을 준다. 또한 AI는 환자의 상태를 실시간으로 모니터링하여 위험 상황이 발생하면 의료진에게 알림을 제공할 수 있어 응급 상황에도 신속하게 대응할 수 있다. 이는 특히 중증 환자의 생명을 구하는 데 결정적인 역할을 할 수 있다.

이뿐만 아니라, 생성형 AI는 의료 영상 분석에서도 혁신적인 변화를 가져오고 있다. AI는 방대한 양의 의료 이미지를 학습하여 질병의 징후를 감지하고, 특히 X-Ray나 CT, MRI와 같은 영상에서 미세한 병변을 찾아내는 데 탁월한 성능을 보인다.

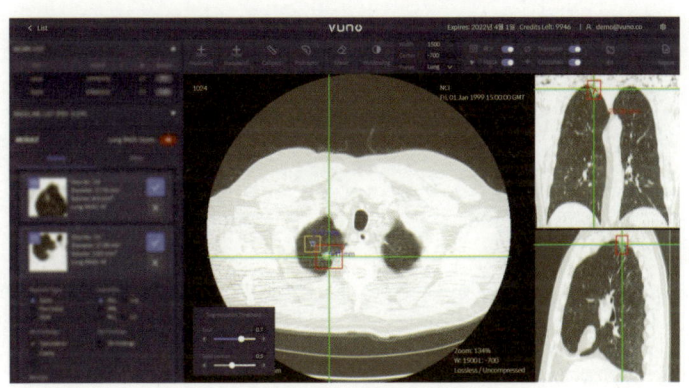

VUNO AI 기반 영상 진단 솔루션

이는 특히 방사선과와 병리학 분야에서 진단의 정확도를 높이는 데 중요한 역할을 하고 있으며, 의료진의 부담을 덜어 주는 동시에 환자에게 더 신속하고 정확한 의료 서비스를 제공하는 데 기여하고 있다. 또한, 이러한 기술은 의료 교육에도 활용될 수 있어, 의사들이 다양한 케이스를 학습하고 실제 환자 진료에 적용할 수 있도록 돕는다. AI 기반의 의료 교육은 학생들이 보다 많은 사례를 접하고, 이를 통해 진단 능력과 치료 계획 수립 능력을 향상시키는 데 기여한다.

1.5
생성형 AI와 윤리적 도전 과제

생성형 AI가 다양한 산업 전반에서 강력한 도구로 자리 잡으면서, 이에 대한 윤리적 고민과 보안 이슈도 함께 떠오르고 있다. AI는 방대한 양의 데이터를 학습해 인간과 비슷한 수준의 언어 구사 능력과 문제 해결 능력을 보여 주지만, 그 데이터에 편향이나 오류가 포함될 가능성 또한 무시할 수 없다. 생성형 AI의 특성상 학습 데이터가 왜곡되어 있으면, AI가 내놓는 결론 역시 편향되거나 잘못된 정보를 포함하게 된다.

예컨대 특정 사회 이슈나 논란에 관한 질문에 대해 AI가 편향된 답변을 내놓을 경우, 사용자는 왜곡된 정보를 그대로 받아들일 위험이 있다. 이는 AI 기술에 대한 신뢰성을 떨어뜨려, 궁극적으로는 AI의 활용과 발전을 가로막는 걸림돌이 될 수 있다. 이러한 문제를 해결하기 위해 AI 개발자들은 학습 과정에서 다양한 출처와 관점을 수집하고, 데이터 편향을 최소화하기 위한 정교한 알고리즘을 연구하고 있다. 또한 AI가 인간의 편견이나 특정 이념에 치우치지 않도록, 응답의 객관성을 유지하는 기술적 접근과 거버넌스 마련에 힘쓰고 있다.

그러나 AI 기술의 발전 속도에 비해 윤리적 기준을 설정하고 실천하는 과정은 여전히 뒤처져 있다는 지적도 나온다. 최근 중국에서 발표된 DeepSeek 사례를 보면, 생성형 AI 기반 검색 기술이 더욱 정교해진 만큼, 관련 보안 및 윤리적 문제가 새롭게 대두되고 있다. DeepSeek는 방대한 사용자 행동 데이터를 활용해 정밀한 검색 결과를 제공하는 동시에, 민감한 정보가 노출될 위험이나 검열·편향적 정보 유통의 가능성도 내포하고 있는 것으로 알려져 있다. 이러한 예에서 보듯, AI 기술이 고도화될수록 개인정보 보호, 공정성, 투명성 등 다양한 윤리적 요소들이 복합적으로 얽혀 더욱 중요한 쟁점이 되고 있다.

이 같은 윤리적 문제를 해결하기 위해 AI 개발 기업들은 AI가 학습하는 데이터의 신뢰성과 중립성을 확보하려고 노력하고 있다. 예를 들어, AI 학습 과정에서 다양한 출처와 관점을 포함하여 편향을 최소화하려는 시도들이 이루어지고 있다. 또한 AI의 응답이 인간의 편견이나 특정 이데올로기에 치우치지 않도록, AI 시스템이 제공하는 정보의 객관성을 유지하는 데 많은 연구가 집중되고 있다.

그러나 AI 기술의 발전 속도에 비해 윤리적 기준을 설정하고 실천하는 과정은 여전히 뒤처져 있다는 지적도 있다.

결국 윤리적 기준의 정립과 이를 실제 시스템에 반영하는 기술적 방법론은 앞으로의 AI 발전에서 핵심 과제가 될 전망이다. 생성형 AI가 제공하는 이점과 잠재력을 최대한 살리면서도, 동시에 사회적 책임감을 갖추기 위해서는 연구·개발 단계부터 다양한 이해관계자들의 관점과 다층적인 안전장치가 함께 논의되어야 할 것이다.

1.6
이미 시작된 AI 시대를 맞이하며

이렇듯 AI는 사회 전반에 걸쳐 새로운 가능성을 열어 가고 있다. 특히 생성형 AI는 사람과의 상호작용 방식에서 놀라운 진전을 이루며, 정보 검색, 콘텐츠 제작, 교육, 금융 등 다양한 분야에서 필수적인 기술로 자리 잡았다. AI가 발전함에 따라, 우리 사회가 이러한 기술과 함께 살아가는 방식도 변화하고 있다.

Q: 그럼 AI를 통한 미래의 기회와 더불어 그에 따른 도전 과제는 무엇일까?

A: AI가 가져올 변화는 무궁무진하지만, 동시에 해결해야 할 중요한 도전 과제도 존재한다. AI의 편향성(Bias) 문제는 사회적 불평등을 심화할 우려가 있으며, 이에 따라 AI 시스템의 공정성과 투명성을 보장하는 것이 필수적이다. 예를 들어, 일부 연구에서는 AI가 특정 인종이나 성별에 대해 편향된 판단을 내리는 사례가 보고되었으며, 이는 데이터에 포함된 편견이 AI 학습 과정에 반영되기 때문이다. 이를 해결하기 위해 다양한 데이터셋을 기반으로 한 공정한 학습과 설명 가능한 AI(Explainable AI)를 통해 투명성을 확보하는 노력이 필요하다.

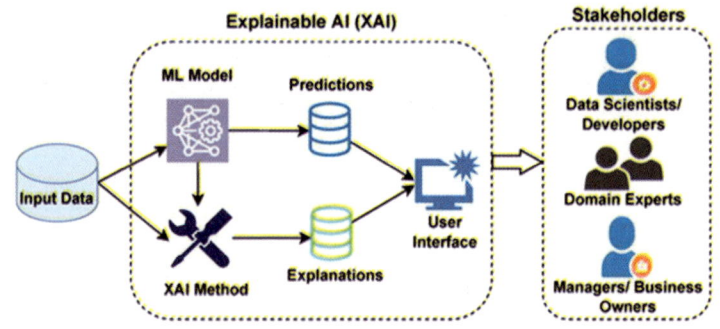

Explainable AI 서비스 Architecture

또한, AI를 통한 산업 구조의 변화도 중요한 과제 중 하나이다. 많은 사람들이 AI로 인해 기존 일자리가 사라질 것을 우려하고 있으며, 이에 따라 직업의 재정의와 재교육이 필요하다. 특히, 단순 반복적인 업무뿐만 아니라 고도의 분석과 예측 작업이 AI에 의해 대체될 가능성이 높아지고 있다. 이로 인해 기존 직업이 줄어들면서, 새로운 직무와 기회가 생겨날 것이다. 예를 들어, AI 윤리 전문가, 데이터 프라이버시 관리자와 같은 새로운 직무가 대두되고 있으며, 이는 앞으로의 AI 시대에 필요한 전문성을 잘 보여 준다.

"인간과 AI와의 균형점 찾기"

AI가 더욱 발전하고 의사결정 과정에 깊이 개입하게 되면서, AI와 인간이 공존하는 방식에 대한 고민이 깊어지고 있다. AI가 독립적으로 결정하는 사회가 과연 바람직한지에 대한 논의도 활발하다. AI는 데이터를 기반으로 최적의 결정을 내리지만, 모든 상황에서 인간의 가치관과 윤리적 기준이 반영되지는 않는다. 따라서 AI의 역할을 '협력자'로 제한하여, 인간의 판단을 보조하는 방식으로 활용하는 것이 바람직하다는 의견이 많다. 이 과정에서 '휴먼 인 더 루프(Human-in-the-Loop)' 접근 방식이 주목받고 있으며, 이는 AI가 중요한 결정 과정에 인간의 개입을 허용하여 책임과 신뢰를 확보하는 방안으로 평가된다.

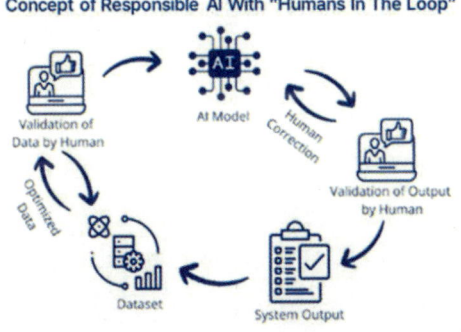

'인간과 함께하는 책임감 있는 인공지능' 개념

Q: AI가 완전한 자율성을 가질 경우 발생할 문제는 무엇인가?

A: AI가 독립적으로 결정을 내릴 경우, 책임 소재가 불분명해지는 문제가 발생할 수 있다. 예를 들어, 자율주행 자동차의 사고나 금융 거래 실수와 같은 상황에서, AI의 잘못된 판단이 인명 피해나 경제적 손실을 초래할 수 있다. 따라서 AI는 인간의 보조자로서 제한적인 자율성을 가지되, 중요한 결정은 여전히 인간이 최종 판단을 내리는 방식이 필요하다.

앞으로 AI의 발전은 AI가 인간의 삶에 더욱 깊숙이 관여하게 될 것이다. 우리의 삶에 AI의 관여도가 높아질수록 AI에 대한 윤리적 고려와 정보의 진위를 검토하는 능력 또한 중요해진다. AI 기술의 혜택을 극대화하기 위해서는 기술 발전과 더불어 윤리적 고민을 수반해야 하며, AI가 인간과 조화롭게 공존할 수 있는 방향을 고민하는 것이 필수적이다.

> "지금의 인공지능은 성능이 좋은 자동차가
> 브레이크 없이 질주하는 것과 같다."

AI는 특정 전문가만의 도구가 아닌, 일반 대중의 일상에도 점차 밀접하게 연결되고 있다. AI가 일상생활에서 어떤 역할을 할 수 있는지에 대해 교육하고, 이를 통해 AI에 대한 대중의 이해도를 높이는 것이 중요하다.
AI의 지속 가능한 발전이 사회적 전반에 긍정적 영향을 미치기 위해서는, 기술적 진보와 함께 사회적 수용성을 확보하는 것이 중요하다. 이를 위해 대중의 "AI Literacy", 즉 AI를 이해하고 활용하는 능력을 기르는 것이 필요하다.

이러한 관점에서 AI와 인간의 공존을 위해서는 각국의 법적·윤리적 규제가 필요하며, 이는 AI 시스템이 윤리적 기준을 준수하고, 책임성을 보장할 수 있도록 도우는 기본적인 근거가 될 것이다.

특히, 개인 정보 보호와 같은 민감한 사안에서 AI가 사회적 신뢰를 얻기 위해서는 높은 수준의 투명성과 책임성이 필수적이다. 예를 들어, 개인 정보를 다루는 AI 시스템에서는 데이터의 활용과 보관이 명확하게 규정되고, 잘못된 사용에 대해 책임을 지는 법적 장치가 마련되어야 한다.

이처럼 지금과 같은 지속 가능한 AI 발전을 위해서는 단순히 기술 혁신에 그치지 않고, 인간과 AI가 함께 성장할 수 있는 긍정적인 사회적 수용성을 확보하는 방향으로 진행되어야 한다. AI는 인간에게 새로운 기회를 제공하는 동시에 사회적 책임을 요구하는 중요한 존재가 되어 가고 있으며, 이를 바탕으로 AI의 긍정적 미래를 만들어 가야 할 것이다.

2장

AI가 만드는 새로운 세상과 도전

이번 장에서는 생성형 AI가 인간의 창의성과 일상을 어떻게 바꾸고 있는지를 다룬다. 먼저 기존 인공지능과 달리 생성형 AI가 텍스트·이미지·음악 등 다양한 콘텐츠를 능동적으로 만들어 내는 방식과, 이를 통해 예술·미디어·마케팅·의료·교육 등 여러 산업이 변화하는 모습을 간단한 사례를 통해 살펴보며, 특히 AI가 인간의 고유 영역이었던 창의성에 깊숙이 관여하면서, 협업의 개념이 확장되고 있다는 점과 이러한 성장에서 해결해야 할 딥페이크나 AI 창작물의 저작권과 같은 윤리적 이슈도 함께 나누고자 한다.

2.1
생성형 AI란 무엇인가?

생성형 AI(Generative AI)는 방대한 데이터 학습을 바탕으로 다양한 콘텐츠를 창의적으로 생성할 수 있는 AI 기술이다. 즉, 생성형 AI(Generative AI)는 컴퓨터가 데이터를 학습하여 인간이 만든 창작물과 유사한 새로운 콘텐츠를 스스로 생성할 수 있는 기술을 의미한다. 다시 쉽게 정의한다면, 인간이 상상하거나 직접 만들 수 있는 콘텐츠(텍스트, 사진, 영상, 음악 등)를 생성하는 인공지능의 한 유형이다.

이러한 생성형 AI는 특히 대규모 데이터 학습을 통해 특정 요구에 맞춰 능동적으로 결과물을 생성할 수 있도록 설계된 모델로 진화·발전하고 있다. 이러한 대규모 데이터 학습 기반 모델을 파운데이션 모델(Foundation Model)이라 부르며, 이를 통해 다양한 형태의 생성형 AI 응용이 가능해지고 있으며, 기존 AI가 주로 주어진 데이터를 분석하고 예측하는 역할에 머물렀다면, 이러한 발전으로 생성형 AI는 그보다 한 걸음 더 나아가 실제로 새로운 텍스트, 이미지, 음악, 동영상 등의 콘텐츠를 하는 기능을 갖추고 있다.

이 기술은 텍스트, 이미지, 음악 등 여러 형태의 콘텐츠를 만들어 내며, 특히 자연어 처리(NLP)나 컴퓨터 비전(CV) 등의 고도화된 AI 기법을 결합해 사용자의 요구에 맞는 콘텐츠를 실시간으로 생성할 수 있다. 생성형 AI는 인간의 창의적 활동 영역에 깊이 관여하며, 예술, 디자인, 문학, 음악 등에서 혁신적인 가능성을 열어 가고 있다.

그럼, 생성형 AI와 기존 인공지능의 차이점은 무엇일까?

전통적인 인공지능(Artificial Intelligence, AI)은 주로 데이터 분석과 패턴 인식에 특화되어 있었다. 예를 들어, 사진에서 사물을 분류하거나, 자율주행차가 도로 상황을 분석하는 것처럼 정해진 문제를 해결하는 데에 AI가 활용되었다.

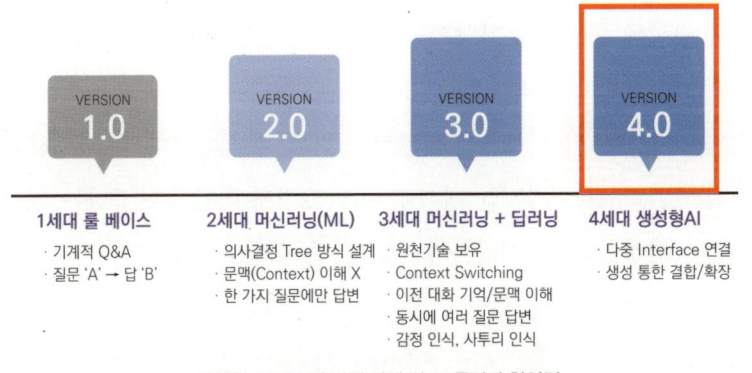

생성형 AI 기술적 발전 단계 및 그 특징과 차이점

이러한 기존 AI는 반복적이고 구조화된 작업을 수행하며, 주어진 데이터를 학습하여 특정한 결과를 도출하는 데 중점을 두었다. 그만큼 창의성을 필요로 하지 않고, 인간의 고유한 사고나 상상력을 흉내 내는 데는 한계가 있었다.

그러나 생성형 AI(Generative AI)는 기존 AI와 본질적으로 다르다.

생성형 AI는 이름 그대로 데이터를 바탕으로 새로운 것을 생성하는 능력을 갖추고 있다.

예를 들어, OpenAI의 ChatGPT나 Anthropic의 Claude는 사용자가 물어보는 질문에 대하여 인간처럼 문장을 구성해 대답하거나, Midjourney, Stable Diffusion, Dall-E 등과 같이 미술 작품을 학습한 AI 모델은 새로운 스타일의 이미지를 만들어 낸다. 이는 생성형 AI가 데이터를 단순히 분석하는 것을 넘어, 데이터를 재구성하여 창의적이고 유동적인 결과물을 만들어 내는 데 최적화되어 있음을 보여 주고 있다.

즉, 생성형 AI의 핵심적인 차별성은 그 응답의 능동성과 맥락을 이해하는 능력에 있다. 전통적 AI가 단순한 지시나 명령에 의해 작동한다면, 생성형 AI는 사용자와의 대화를 통해 정보를 받아들이고 맥락을 이해하며, 그에 맞춰 응답과 결과물을 생성한다는 점이다.

또한, 생성형 AI는 사용자 맞춤형 경험을 제공하는 데 큰 강점을 보인다. 기존의 AI는 일정한 패턴에 따라 고정된 결과를 제공하는 데 그쳤지만, 생성형 AI는 사용자가 필요로 하는 정보를 학습하고 이에 맞춰 결과를 세밀하게 조정할 수 있다.

예를 들어, 음악 생성 AI인 Suno는 사용자가 원하는 분위기와 스타일에 맞춰 곡을 생성하며, 이미지 생성 AI는 특정 스타일이나 색상에 맞는 이미지를 만들어 낼 수 있다. 이러한 맞춤형 생성형 AI 서비스로, 창의성과 표현력이 요구되는 다양한 분야에서 폭넓게 활용되고 있다.

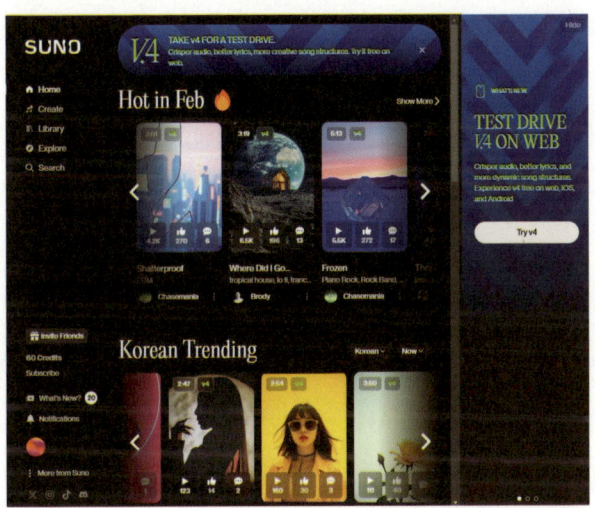

음악 생성형 AI 서비스 'SUNO' (서비스 화면 발췌)

이처럼 생성형 AI는 단순한 알고리즘 이상의 가능성을 제시한다. 이는 우리가 컴퓨터와 상호작용하는 방식을 크게 변화시키고 있으며, 마치 아이폰이 등장해 모바일 혁신을 이끌었던 것처럼, 지금의 생성형 AI는 현재 파괴적 혁신의 중심에 서 있다고 볼 수 있다.

생성형 AI의 기본적인 작동 원리

그럼, 생성형 AI는 기본적으로 어떤 메커니즘의 원리로 작동하는 것일까?

1단계: 데이터 수집(Data Collection)

생성형 AI의 핵심은 방대한 양의 고품질 데이터를 수집하는 데서 시작된다. 텍스트 생성 AI는 뉴스 기사, 문학 작품, 웹 페이지 등의 텍스트 데이터를 통해 언어의 문맥과 구조를 학습하며, 이미지 생성 AI는 사진, 그림, 그래픽 자료를 학습하여 시각적 패턴을 파악한다. 이때 데이터의 신뢰성과 다양성은 AI가 생성할 콘텐츠의 품질에 큰 영향을 미치며, 부정확한 데이터가 포함될 경우 왜곡된 결과가 나올 수 있다.

2단계: 모델 학습(Model Learning)

데이터를 수집한 이후, 생성형 AI는 수집된 데이터에서 패턴과 규칙을 추출한다. 이 과정에서 AI는 단순한 기계적 분석을 넘어, 언어와 이미지의 미세한 특징까지 학습하여 인간과 비슷한 방식으로 문장을 구성하거나 이미지를 그려 낼 수 있게 된다.

예를 들어 텍스트 생성 AI는 주제에 맞는 단어 선택, 문장의 흐름, 문법 구조를 학습하며, 이미지 생성 AI는 색감, 질감, 구성 방식을 이해한다. 이러한 학습 단계는 마치 예술가가 여러 작품을 감상하며 자신의 스타일을 구축하는 과정과 비슷하다.

3단계: 훈련(Training)

AI 모델은 학습한 패턴을 기반으로 실제 콘텐츠를 생성하기 위해 반복적인 훈련 과정을 거친다. 이 과정에서 AI는 입력 데이터와 예상 결과 간의 관계를 스스로 예측하고 조정하며, 더 정교하고 자연스러운 결과를 생성할 수 있도록 다듬어진다.

예를 들어, 텍스트 생성 AI는 앞 문장의 흐름에 따라 다음 문장을 예측하여 자연스럽게 이어지도록 훈련되고, 이미지 생성 AI는 특정 스타일이나 구성을 요구하는 입력에 맞춰 다양한 이미지 요소를 조합한다. 이 단계에서의 훈련은 AI의 창의성과 정확성을 결정짓는 핵심이라고 할 수 있다.

4단계: 생성(Generation)

훈련이 완료된 AI는 이제 사용자의 특정 요청에 따라 새로운 콘텐츠를 생성할 수 있다. 생성형 AI는 학습한 데이터를 기반으로 질문이나 요구에 맞는 텍스트, 이미지, 음악 등을 창출해 내며, 이는 단순히 과거의 데이터를 재조합하는 것이 아니라 새로운 형태의 콘텐츠를 창출하는 것이다.

예를 들어, ChatGPT는 대화의 맥락에 맞춰 자연스러운 답변을 제공하고, 이미지 생성 AI는 "푸른 하늘 아래 있는 미래 도시"와 같은 요청에 부합하는 독창적인 이미지를 만들어 낼 수 있는 것이다.

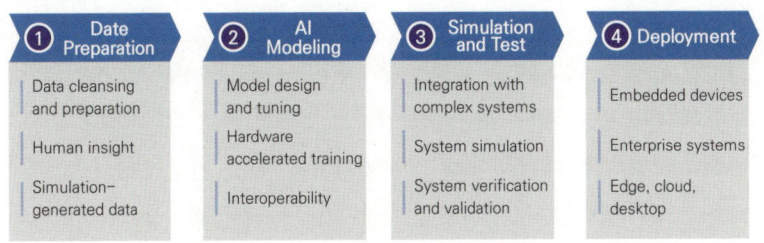

이러한 4단계 과정을 통해 생성형 AI는 단순한 도구를 넘어 창작의 파트너로 자리 잡아 가고 있으며, 이는 인간의 창의성 영역에 새로운 가능성을 열어 준다.

2.2
생성형 AI와 우리 삶의 변화

    생성형 AI는 미디어와 예술 분야에서 창의성의 경계를 확장하며 커다란 변화를 일으키고 있다. 예술과 미디어는 인간의 감정, 직관, 문화적 배경을 반영하는 창의적 활동으로, 오래도록 인간만의 고유한 영역으로 여겨졌으나, AI가 이러한 창작 과정에 깊이 관여하면서 새로운 형태의 창의적 작업이 가능해지고 있다. AI는 예술과 미디어에서 단순한 보조 도구를 넘어 창작의 협력자로서 중요한 역할을 하고 있으며, 이는 예술의 새로운 형태와 미디어의 혁신적 패러다임을 불러일으키고 있다.

생성형 AI(Generative AI)는 콘텐츠 창작과 비즈니스 분야에서 강력한 혁신 도구로 자리 잡고 있다. AI는 창의적이고 맞춤형 콘텐츠를 생성해 비용 절감과 고객 경험 개선을 통해 기업의 가치를 증대시키고 있다. 예술 및 디자인, 미디어 및 엔터테인먼트, 전자상거래와 마케팅, 헬스케어 등 다양한 산업 분야에서 활용되고 있다.

미디어 산업의 변화와 콘텐츠 자동화

미디어 산업에서는 생성형 AI가 콘텐츠 작성, 요약, 번역 등의 작업을 자동화하며, 특히 대량의 정보를 빠르게 처리하고 맞춤형 콘텐츠를 제공할 수 있는 능력을 보여 주고 있다. 생성형 AI는 방대한 텍스트와 이미지 데이터를 분석해 새로운 기사를 작성하거나 특정 주제를 요약할 수 있으며, 이는 정보의 전달 속도와 효율성을 크게 높여 준다.

뉴스 기사 작성과 요약

생성형 AI는 미디어 산업에서 뉴스 기사 작성과 요약 작업을 빠르게 수행할 수 있어, 독자에게 실시간으로 다양한 정보를 제공할 수 있다. Bloomberg는 AI를 활용해 주식 시장의 실시간 변동성을 분석하고 이를 기반으로 뉴스 기사와 요약을 자동 생성하는 'Bloomberg Automated Intelligence(BAI)' 시스템을 운영 중이다. 이를 통해 투자자들에게 신속하고 정확한 정보를 제공하며, AI는 변화하는 시장 상황을 분석해 독자에게 적시에 필요한 정보를 제공한다.

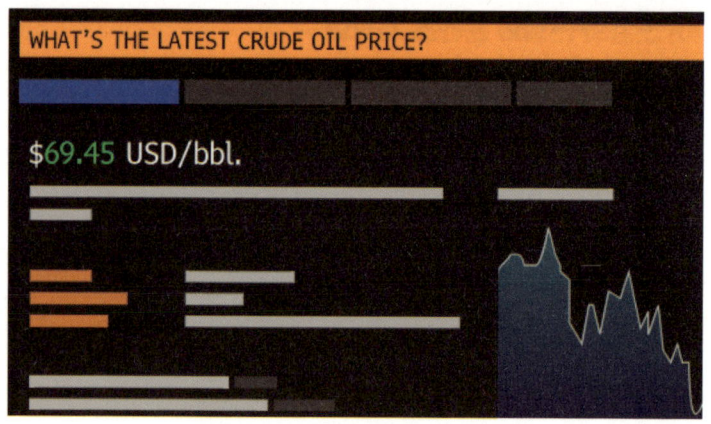

Bloomberg Automated Intelligence 관련
(출처: Bloomberg Professional Service 홈페이지)

또한, Narrative Science의 Quill은 기업을 위한 고급 자연 언어 생성 플랫폼으로, 방대한 데이터를 간결한 기사로 요약해 독자들이 복잡한 정보를 쉽게 이해할 수 있게 돕는다. Quill은 재무 보고서, 실적 발표 등의 데이터를 기사 형태로 재구성하여 금융 업계에서 널리 사용되고 있다. 이를 통해 분석적 사고를 필요로 하는 리포트 작성 과정을 간소화하여 미디어 업계의 효율성을 크게 향상시킨다.

소셜 미디어와 맞춤형 콘텐츠

소셜 미디어에서는 사용자의 관심사와 선호도를 분석해 맞춤형 콘텐츠를 생성하는 데 생성형 AI가 활용되고 있다. 예를 들어, Meta의 Facebook과 Instagram은 AI 기반 추천 시스템을 통해 사용자별로 맞춤형 콘텐츠와 광고를 제공한다. Meta는 AI 알고리즘을 활용해 사용자 활동을 분석하고, 각 사용자가 선호할 만한 게시물을 실시간으로 추천하여 사용자 참여를 높인다. 맞춤형 콘텐츠 제공은 사용자 경험을 개인화하고, 플랫폼에 머무는 시간을 늘리기 위한 중요한 전략으로 자리 잡고 있다.

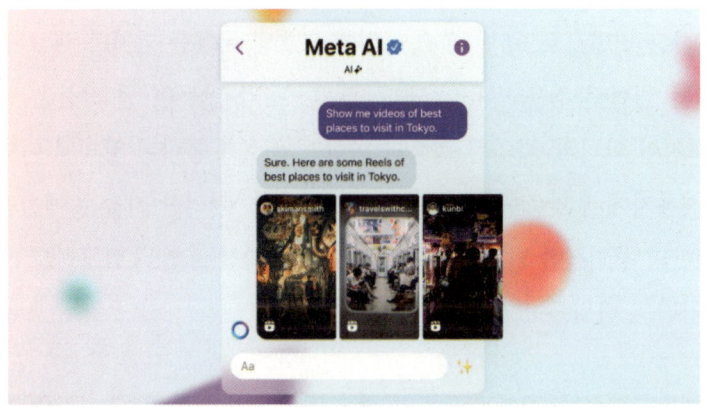

Meta의 AI 기반 추천 시스템 사례 관련
(출처: Meta 홈페이지)

예술과 디자인의 AI 그리고 창의

　예술 분야에서도 생성형 AI는 다양한 방식으로 창의적인 작업을 지원하고 있다. 생성형 AI는 예술과 디자인 분야에서 창작의 새로운 가능성을 열어 주며, 예술가와 디자이너들이 상상 속의 이미지를 실제로 구현할 수 있도록 돕는 강력한 도구로 자리 잡고 있다. 특히, Midjourney와 DALL-E와 같은 이미지 생성 AI는 단순한 그림 도구를 넘어, 예술의 개념과 창작의 과정을 혁신적으로 바꿔 놓고 있다. 이러한 AI는 사용자가 원하는 특정 예술 스타일을 그대로 반영해 내며, 마치 실재하는 화가가 그려 낸 듯한 작품을 만들어 낸다. AI는 예술가가 창작 과정에서 새로운 스타일을 실험하거나 색상과 패턴을 조합하는 데 도움을 주며, 이로 인해 더욱 창의적이고 다채로운 예술 작품이 탄생하고 있다. AI의 창작 지원은 기존의 예술적 한계를 넘어서, 디지털 예술과 같은 새로운 예술 장르를 개척하는 데 기여하고 있다.

예를 들어, DALL-E는 "고흐 풍의 해변 풍경"이라는 간단한 문구를 입력하는 것만으로도, 빈 캔버스 위에 고흐의 독특한 터치와 색감이 묻어나는 해변 풍경을 만들어 낸다. DALL-E가 만들어 낸 작품은 단순한 사진이 아니라, 다양한 화풍과 미학적 요소가 융합된 창의적 이미지로, 사용자에게 맞춤형 예술 경험을 선사한다. 이러한 기술은 예술가가 자신만의 창의성을 발휘하면서도 새로운 시각적 표현을 탐구하도록 돕고, 창작의 범위를 크게 확장시켜 준다.

Dall-E 생성 이미지 샘플
"Prompt :/imagine prompt by Vincent van Gogh-v 5.2"

또한, Stable Diffusion은 텍스트 입력을 통해 예술가가 원하는 특정 시각적 요소를 반영한 맞춤형 이미지를 제공한다. 이는 특히 상업 디자인이나 패션, 건축 분야에서 활용될 수 있는 강력한 도구다. 예를 들어, 건축 디자이너는 특정 건축 양식과 색상을 입력하여, 새로운 건축 디자인 아이디어를 빠르게 시각화할 수 있다. 이는 초기 시안 작업에 소요되는 시간을 획기적으로 단축시키고, 클라이언트와의 소통을 원활하게 해 준다.

Stable Diffusion Web UI

이처럼 생성형 AI는 예술가와 디자이너들이 창의적 작업을 더 빠르고 자유롭게 펼칠 수 있는 환경을 제공하며, AI와 인간이 협력하여 새로운 미학과 표현 방식을 개척하는 데 핵심적인 역할을 하고 있다.

GAN 기반 예술 창작

GAN(Generative Adversarial Networks)을 활용한 AI 모델은 예술가들이 전통적인 방식으로는 시도하기 어려웠던 새로운 시각적 스타일을 시도할 수 있게 한다. GAN 모델은 예술가에게 다양한 색상 조합, 패턴, 형태를 제안하며, 이로 인해 창의적 실험의 폭을 넓혀 준다.

예를 들어, Artbreeder는 GAN을 기반으로 사용자들이 여러 이미지를 조합하고 변형하여 새로운 예술 작품을 생성할 수 있도록 돕는다. 이 플랫폼에서는 사용자가 사진, 그림, 애니메이션 등 다양한 스타일의 이미지를 선택하고 자신만의 독창적인 작품을 만들 수 있다.

Artbreeder Service UI (출처: Artbreeder 홈페이지)

　또한, DeepArt와 같은 디지털 아트 도구는 사용자 사진에 특정 예술가의 스타일을 적용하여 새로운 작품을 만들어 낸다. 예를 들어, 사용자는 자신의 사진에 빈센트 반 고흐의 화풍을 적용하여 독특한 이미지로 변환할 수 있다. 이러한 도구는 예술가와 일반 사용자 모두에게 창의적 영감을 제공하며, 예술 작업의 다양성과 접근성을 높인다.

디지털 아트와 창작의 민주화

　이러한 AI 도구의 발전은 예술 창작의 민주화를 이끌고 있다. 이전에는 고도의 기술적 전문 지식이 필요했던 예술 작업이 이제는 생성형 AI 도구를 통해 누구나 시도할 수 있는 작업이 되었다. 일반 사용자는 Canva와 같은 그래픽 디자인 도구에서 AI 추천 기능을 통해 쉽게 고품질의 예술 작품을 만들 수 있으며, 이는 창작의 문턱을 낮추고 대중이 예술에 참여할 수 있는 기회를 제공한다. 예술의 대중화는 창의적 다양성을 촉진하며, 다양한 배경을 가진 사람들이 예술 창작에 참여할 수 있는 환경을 조성한다.

음악과 영화 제작에서의 혁신

음악과 영화 산업에서도 생성형 AI는 중요한 역할을 하고 있다. AI는 음향 효과나 배경 음악을 생성하고, 영화의 시나리오 작성이나 편집 작업을 지원함으로써 제작 과정의 효율성을 높인다. AI의 도움으로 영화나 음악 제작자들은 제작 시간을 단축하고 창의적 작업에 더 집중할 수 있으며, 새로운 스타일과 장르를 실험할 수 있는 기회를 얻고 있다.

음악 생성 AI의 역할

음악 생성 AI는 특정 장르나 감정을 표현하는 배경 음악을 자동으로 생성해 주며, 영화나 광고에서 장면의 분위기를 극대화하는 데 활용된다. 예를 들어, SUNO 또는 AIVA(AI Virtual Artist)와 같은 음악 생성형 AI서비스는 클래식부터 재즈, 팝에 이르기까지 다양한 장르의 음악을 자동으로 생성하며, 사용자가 필요로 하는 스타일에 맞춰 곡을 만들어 준다. 특히 SUNO는 비디오 게임, 영화, 광고 등에서 배경 음악으로 사용되며, 창작자들에게 시간과 비용을 절감할 수 있는 실질적인 도움을 제공하고 있다.

영화 산업에서의 AI 활용

영화 산업에서는 AI가 다양한 방식으로 창작 과정을 혁신하고 있다. Script Book은 영화 시나리오의 성공 가능성을 예측하고, 스토리의 톤과 감정 변화를 분석하여 제작자가 시나리오를 개선하는 데 도움을 준다. 이 분석을 통해 시청자들에게 더 효과적으로 다가갈 수 있는 스토리 구조와 감정선이 제안되며, 영화 제작자는 이를 바탕으로 시나리오를 조정할 수 있다.

또한, Runway의 Gen-3, Kling 같은 영상 생성 모델의 같은 경우에는 텍스트 프롬프트를 입력하면, 사용자가 원하는 장면을 자동으로 생성하는 기능을 제공한다. 예를 들어, "비 오는 도쿄의 밤거리를 걷는 여성"이라는 요청에 따라, 도시의 빛과 비의 질감을 섬세하게 표현한 장면을 생성할 수 있다.

OpenAI의 생성형 영상 서비스 "SORA" 샘플 영상 中

Prompt used: A stylish woman walks down a Tokyo street filled with warm glowing neon and animated city signage. She wears a black leather jacket, a long red dress, and black boots, and carries a black purse. She wears sunglasses and red lipstick. She walks confidently and casually. The street is damp and reflective, creating a mirror effect of the colorful lights. Many pedestrians walk about.

영화나 광고 제작에서 이러한 기술은 시각적 요소를 빠르게 구성할 수 있도록 도와주며, 높은 제작 비용과 시간 부담을 현실적으로 줄여 주고 있다. Meta의 Emu Video 같은 동영상 생성 AI도 광고, 마케팅, 유튜브와 같은 분야에서 간단한 문구만으로 시각적 완성도가 높은 영상 콘텐츠를 제작하는 데 큰 기여를 하고 있다. 추가적으로 Respeecher와 같은 서비스는 특정 배우의 목소리를 Clone하여 다른 언어로 더빙하거나 다양한 목소리로 변환할 수 있는 음성 합성 AI

로, 영화와 게임에서 캐릭터의 몰입감을 극대화하며, 추후에는 등장인물에 대한 상세한 연기까지도 실제 영화에 적용할 것으로 기대하고 있다. 이를 통해 영화 그리고 음악과 같은 엔터테인먼트 분야에서도 많은 산업의 변화가 진행되고 있다.

Respeecher Service UI (출처: Respeecher 홈페이지)

마케팅 및 전자상거래의 변화

전자상거래와 마케팅 분야에서 생성형 AI는 개인화된 경험을 제공하는 핵심 도구로 자리 잡고 있다. 오늘날의 소비자들은 개별적인 관심사와 취향에 맞춘 쇼핑 경험을 기대하며, 생성형 AI는 이러한 기대를 충족시키고 고객 만족도를 높이는 데 중요한 역할을 한다. AI는 소비자의 행동 데이터를 분석하여 맞춤형 추천과 광고 콘텐츠를 자동으로 생성함으로써, 기업이 더욱 효율적인 마케팅 전략을 수립하도록 돕는다.

예를 들어, Amazon과 같은 글로벌 전자상거래 기업들은 AI 기반 추천 시스템을 활용하여 사용자의 과거 구매 이력, 검색 기록, 선호도를 분석한 후, 개별 소비자에게 맞춤형 제품을 제안한다. 이러한 AI 추천 시스템은 사용자가 관심을 가질 만한 상품을 빠르게 찾아내고, 고객의 클릭률(CTR)을 최대 30% 이상 향상시킴으로써, 구매 전환율을 높이는 데 기여한다. 이는 단순한 검색 기능을 넘어, AI가 소비자의 필요와 취향을 깊이 이해하고 이를 충족시키는 맞춤형 서비스를 제공하고 있음을 보여 주는 대표적인 사례이다.

AWS 상품 추천 서비스 개요

패션 분야에서도 생성형 AI는 소비자 개개인의 스타일을 반영한 맞춤형 의류 추천 시스템을 통해 혁신을 일으키고 있다. 이후 뒤에서 다룰 초개인화에 따른 비즈니스 사례 중 하나인 스티치 픽스(Stitch Fix)는 사용자의 신체 치수, 스타일 선호도, 패션 트렌드 등을 반영하여 개인화된 스타일 박스를 제공하는 서비스다. 고객은 스타일 퀴즈를 통해 자신의 취향과 요구를 입력하고, AI는 이 데이터를 바탕으로 다섯 가지 의상을 추천한다. 매달 받는 스타일 박스를 통해 고객은 손쉽게 새로운 패션 아이템을 시도할 수 있으며, 쇼핑 과정에서 시간을 절약할 수 있다. 이는 개별 고객의 선호를 반영한 맞춤형 서비스로, 높은 고객 만족도를 이끌어 내며, 고객 충성도를 강화하는 효과를 낳는다.

생성형 AI는 또한 광고 콘텐츠 생성에서도 강력한 도구로 활용된다. AI는 고객의 취향과 행동 데이터를 분석하여 최적화된 광고 이미지를 생성하며, 특정 고객층을 타깃으로 한 광고 메시지를 자동으로 작성한다. 예를 들어, AI는 특정 사용자에게 어필할 만한 스타일의 광고 이미지를 생성하거나, 사용자의 관심 분야에 맞춰 개인화된 광고 카피를 작성해 노출한다. 이러한 방식의 개인화된 광고는 일반적인 광고보다 고객의 주목을 끌고, 결과적으로 구매로 이어질 확률을 높인다.

이처럼 생성형 AI는 전자상거래와 마케팅 분야에서 고객의 개별적인 요구에 맞춘 경험을 제공함으로써, 소비자와의 상호작용을 강화하고 기업의 매출 증대에 기여하고 있다. AI는 소비자 데이터를 학습하고 분석하여 마케팅 전략을 더욱 정교하게 만들며, 맞춤형 서비스 제공을 통해 전자상거래 생태계를 지속적으로 혁신하고 있다.

의료 및 헬스케어의 혁신

헬스케어 분야에서 생성형 AI는 질병 진단, 치료 관리, 맞춤형 건강 관리 등 다양한 방식으로 의료 서비스를 혁신하고 있다. 특히, 생성형 AI는 대량의 의료 데이터를 학습하여 질병을 조기에 발견하고, 개별 환자에 맞춘 치료 방법을 제안하는 데 큰 기여를 하고 있다. 이러한 AI 기술은 의료진의 업무 효율을 높이고, 환자에게 더 빠르고 정확한 서비스를 제공하는 데 핵심적인 역할을 하고 있다.

영상 진단 및 분석

의료 영상 분석은 생성형 AI가 헬스케어 분야에서 가장 널리 활용되는 분야 중 하나다. 방대한 양의 X-ray, CT 스캔, MRI 이미지 데이터를 학습한 AI는 암이나 뇌질환과 같은 질병을 조기에 발견할 수 있으며, 의료진이 신속하고 정확하게 진단을 내릴 수 있도록 돕는다. 예를 들어, AI 기반의 영상 분석 시스템은 수많은 환자 데이터를 바탕으로 특정 질병의 징후를 식별하며, 의료진이 육안으로 놓칠 수 있는 미세한 병변도 정확히 포착해 낸다. 이는 환자들의 생존율을 높이고, 치료 결과를 개선하는 데 큰 도움을 줄 수 있다.

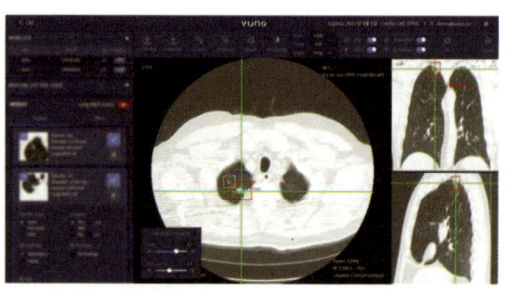

VUNO AI 기반 영상 진단 솔루션

맞춤형 치료 및 건강 관리

생성형 AI는 또한 맞춤형 치료와 개별 환자에 맞춘 건강 관리를 가능하게 한다. 예를 들어, AI는 환자의 유전자 데이터와 의료 기록을 바탕으로 개인 맞춤형 치료 계획을 수립할 수 있다. 이는 특히 항암 치료나 희귀 질환 치료와 같은 분야에서 유용하며, 환자의 체질과 병력에 맞춰 최적화된 치료법을 제안하여 치료 효과를 극대화한다. 미국에서는 AI를 활용하여 개별 환자에게 맞춤형 항암제 투여 방식을 제안하는 시스템이 운영되고 있으며, 이를 통해 환자에게 가장 적합한 치료 옵션을 제공하고 있다.

환자 지원 및 모니터링

생성형 AI는 환자 모니터링과 원격 의료 서비스에서도 효과적으로 활용된다. 스위스의 Magnes AG사에서 개발한 파킨슨병 환자를 위한 스마트 신발은 AI가 걷는 패턴을 실시간으로 분석하여 환자의 균형을 유지하도록 돕는다. 이 신발은 환자의 걸음걸이를 모니터링하면서 진동 신호를 통해 발걸음을 유도하여 파킨슨병 환자가 보다 안정적으로 걸을 수 있도록 지원한다. 이러한 장치는 환자들의 삶의 질을 향상시키며, 일상 생활에서 스스로 관리할 수 있는 능력을 제공한다.

'굿닥'의 건강 관리 상담 AI 챗봇

또한, AI 기반 챗봇은 환자와 실시간으로 상호작용하며, 자주 묻는 질문에 답변하거나 기본적인 건강 정보를 제공한다. 예를 들어, 환자가 약물 복용 방법이나 증상에 대한 조언을 필요로 할 때 AI 챗봇이 신속하게 대응하여 궁금증을 해결할 수 있다. 이러한 AI 도구는 의료진의 업무 부담을 줄이고, 환자가 자신의 건강을 더 잘 관리할 수 있도록 돕는다.

이처럼 생성형 AI는 헬스케어 분야에서 진단, 치료, 관리의 모든 단계에서 중요한 역할을 하며, 의료 서비스의 질을 높이고 환자 중심의 맞춤형 서비스를 가능하게 하고 있다. AI 기술의 발전은 앞으로 헬스케어 산업의 필수적인 요소가 될 것이며, 인간의 건강과 복지 향상에 기여할 것으로 기대된다.

교육과 학습 분야에서의 활용

교육과 학습 분야에서 생성형 AI는 개별 학습자의 요구에 맞춘 맞춤형 학습 경험을 제공하며, 교육의 효율성을 높이는 중요한 역할을 하고 있다. AI는 학생들의 학습 데이터를 분석하고, 이를 바탕으로 학습자에게 가장 적합한 콘텐츠와 학습 방식을 제공함으로써, 학생 개개인이 학습 목표를 효과적으로 달성할 수 있도록 돕는다.

경기도 교육청 AI 기반 교육 플랫폼 '하이러닝'

개인화된 학습 경험 제공

생성형 AI는 학습자의 수준과 속도에 맞춘 개인화된 학습 콘텐츠를 제공한다. 예를 들어, AI 기반의 언어 학습 도구는 학습자의 언어 수준을 평가하고, 각 학습자의 필요에 맞게 단어, 문법, 발음 연습을 단계별로 제공할 수 있다. 이를 통해 학생들은 자신의 수준에 맞는 콘텐츠로 학습하며, 기존 학습 방식보다 더 빠르게 학습 목표를 달성할 수 있다. 특히, ChatGPT와 같은 생성형 AI는 학생의 질문에 맞춤형 답변을 제공하여, 학습자가 어려움을 겪는 부분을 집중적으로 보완할 수 있다.

학습 자료 및 교재 생성

생성형 AI는 교육자가 맞춤형 학습 자료를 손쉽게 생성할 수 있도록 돕는다. 예를 들어, 수학 수업에서 특정 개념을 쉽게 설명하기 위해 AI는 학생의 학년과 이해 수준에 맞춘 예제 문제와 해설을 자동으로 생성할 수 있다. 이는 교사가 일일이 자료를 준비하는 시간을 줄여 주고, 보다 효율적으로 학습 자료를 구성할 수 있게 해 준다. 또한, 역사나 문학과 같은 인문학 분야에서는 AI가 특정 사건이나 주제에 대한 간략한 배경 정보를 생성하여 학생들이 학습 내용을 더 깊이 이해할 수 있도록 지원할 수 있다.

지능형 튜터 및 학습 보조

생성형 AI는 지능형 튜터 역할을 하며, 학습자가 질문할 때마다 즉각적이고 맞춤형 피드백을 제공할 수 있다. 예를 들어, 수학 문제를 풀다가 막힌 학생은 AI에게 질문하여 문제 해결 방법을 단계별로 안내받을 수 있다. 이러한 지능형 튜터 기능은 특히 자습이나 가정 학습에서 유용하며, 학생이 혼자서 학습할 때도 끊임없이 피드백을 받을 수 있어 학습 성과를 높일 수 있다.

학습 진행 상황 추적 및 피드백

생성형 AI는 학습자의 진행 상황을 실시간으로 추적하고, 이를 바탕으로 적절한 피드백을 제공할 수 있다. 학습자가 특정 개념을 충분히 이해하지 못했을 경우, AI는 추가 학습 자료를 추천하거나 관련 문제를 더 제공하여 반복 학습을 유도한다. 또한, 학습 성과를 분석하여 학습자의 강점과 약점을 파악함으로써, 교사와 학부모에게 유용한 학습 진단 정보를 제공할 수 있다. 이러한 기능은 학생 개개인의 학습 필요를 충족시켜 주고, 맞춤형 학습 경로를 제시하여 학습의 효율성을 높인다.

위의 사례와 같이, 생성형 AI는 교육과 학습 분야에서 학습자 중심의 맞춤형 학습을 가능하게 하고 있으며, 학생의 이해도와 성취도를 높이는 데 기여하고 있다. AI 기술은 교육의 개별화와 효율성을 증진하며, 미래의 교육 환경에서 필수적인 도구로 자리 잡을 전망이다.

2.3
AI와 창의성의 재정의: 인간과 AI의 협업

 이러한 생성형 AI의 발전은 인간이 살아가기 위한 미디어부터 건강, 교육 그리고 예술에 이르는 모든 산업 분야에 걸쳐 창의성의 의미를 새롭게 정의하는 계기가 되고 있다.

 전통적으로 창의성은 인간만의 고유한 능력으로 간주되었으며, 이는 직관, 감정, 그리고 인간의 경험에서 비롯된다고 생각되었다. 그러나 AI가 인간의 창의적 활동을 지원하고 심지어 독립적으로 창의적 작품을 만들어 내면서, 창의성의 개념은 점차 확장되어 가고 있다.

AI와 인간의 창의적 협업

 이와 같은 생성형 AI 발전은 단순히 창작 도구가 아니라, 인간의 창의적 작업에서 중요한 협력자가 되고 있다. 예를 들어, 디자이너는 AI가 생성한 다양한 이미지를 참고하여 새로운 디자인 아이디어를 얻고, 작가는 AI가 생성한 줄거리를 바탕으로 영감을 받아 작품을 발전시킬 수 있다. 이러한 방식의 인간과 AI 협업은 창작 과정에서 시간과 노력을 절약할 수 있을 뿐만 아니라, 인간의 창의성에 새로운 영감을 제공하는 역할을 한다.

AI 창작물과 인간 창작물의 경계

　AI가 생성한 여러 형태의 콘텐츠 그리고 창작물과 인간이 창의한 창작물 사이에는 여전히 차이가 존재한다. AI는 방대한 데이터를 학습하여 패턴을 분석하고 이를 바탕으로 콘텐츠를 생성하기 때문에, 독창성보다는 기존 자료의 조합이나 변형에 기반한 창작물이 주를 이룬다.

　예를 들어, 이미지 생성 모델인 DALL-E가 생성한 이미지는 사용자가 입력한 지시문에 따라 기존에 학습한 이미지를 조합하거나 스타일을 모방한 결과물이다. 이는 AI가 인간과 달리 창의적 영감이나 감정을 기반으로 콘텐츠를 생성하지 않기 때문이다. 그러나 AI가 만드는 이러한 창작물은 인간이 기존에 시도하지 않았던 새로운 접근을 가능하게 한다는 점에서 큰 가치를 지닌다.

창의성의 철학적 논의: 인간의 고유한 영역인가?

　이와 같이 생성형 AI가 창의적 활동에 깊이 관여하면서, 창의성이 인간의 고유 영역인지에 대한 철학적 논의가 활발해지고 있다. 창의성은 단순히 새로운 것을 만들어 내는 능력 이상을 의미하며, 주로 인간의 경험, 감정, 사회적 맥락과 밀접한 연관이 있다. 예술과 문학 작품은 창작자의 감정과 사고가 반영된 결과물로서, 독자나 관객과의 교감을 통해 의미가 형성된다. 이와 비교해 볼 때 AI는 인간의 감정을 이해하거나 창작의 사회적 맥락을 고려할 수 있는 능력이 제한적이다.

창의성과 감정의 역할

창의성에서 감정은 중요한 역할을 한다. 예를 들어, 예술 작품은 창작자의 내면 감정이 투영된 결과물로, 이는 감상자에게 깊은 인상을 남긴다. 그러나 AI는 인간의 감정을 직접적으로 경험하거나 이해할 수 없다. AI가 생성한 작품은 방대한 데이터를 학습하여 일정한 패턴을 기반으로 만들어지며, 감정을 표현하는 데 있어서는 한계를 가질 수밖에 없다. 이로 인해 AI는 창의적인 도구로서 강력하지만, 여전히 인간의 감정적 측면과는 차별화된 창작 결과를 만들어 낸다.

인간 창의성의 가치와 AI의 역할

인간 창의성의 가치는 단순한 결과물에서 나오는 것이 아니라 창작 과정 그 자체에 있다고 볼 수 있다. 창의적인 과정을 통해 사람들은 문제를 해결하고, 새로운 시각을 얻으며, 자신만의 독특한 해석을 작품에 담는다. 반면, AI는 데이터를 조합하여 결과물을 신속하게 제공하지만, 창작 과정에서 인간이 느끼는 경험이나 고민을 공유하지는 않는다. 따라서 AI는 창의성을 보완하는 도구로서 유용하다. 다만, 창의성의 본질 그것을 대신할 수는 없을 것이다.

2.4
윤리적 쟁점:
Deep Fake(딥페이크) 그리고 창작의 저작권

앞서 언급한 내용과 같이, 이러한 생성형 AI의 발전은 혁신과 긍정적인 변화도 있지만, 반면에 창의성 등 현재의 발전 속도에 미루어 보았을 때, 여러 가지 측면에서의 부작용도 있다. 그중에서 딥페이크(Deep Fake)와 AI 창작물에 대한 저작권 문제는 중요한 윤리적 쟁점이 되고 있으며, 위 두 가지 사례를 통해 다루어 보고자 한다.

딥페이크는 '딥러닝(Deep Learning)'과 '가짜(Fake)'의 합성어로, 인공지능 기술을 사용해 현실에 존재하지 않는 것들을 이미지, 영상, 음성 형태로 생성하는 기술을 의미한다. 이 기술은 2017년경부터 급격하게 발전하였으며, 현재는 전문가뿐만 아니라 일반인도 쉽게 온라인에서 딥페이크 서비스를 접할 수 있게 되어 그 접근성과 위험이 증가하고 있다.

교황 Deep Fake 사례 (출처: 레딧, '트리피 아트 스페셜')

딥페이크의 윤리적 문제와 대응 필요성

딥페이크 기술은 영화와 예술에서 특수 효과나 표현력을 높이는 데 유용하게 쓰이지만, 동시에 사회적 혼란을 야기할 가능성도 높다. 딥페이크는 실제 존재하지 않는 사건을 사실처럼 보이게 하여 정보 왜곡과 개인 정보 침해, 나아가 명예 훼손을 일으킬 수 있다.

예를 들어, 허위로 조작된 영상이나 오디오는 사실과 달라 큰 사회적 혼란을 야기할 수 있으며, 이로 인해 정보의 신뢰도와 개인의 사생활 보호가 심각하게 위협받는다. 특히, 유명인의 얼굴을 도용하여 만든 허위 영상이 SNS와 유튜브에 확산되며 다양한 논란을 불러일으킨 사례가 있다.

실제로 일부 딥페이크 영상은 특정 기업과 인물을 악의적으로 모방하여 평판을 훼손하거나, 가짜 금융 지시를 내려 큰 금전적 손실을 일으킨 사건도 보고되고 있다. 예를 들어, 최근에는 특정 기업 CEO의 딥페이크 영상을 사용한 가짜 금융 지시로 인해 수백만 달러의 손실을 입은 사례도 있다. 이러한 상황에서 일부 국가들은 딥페이크 콘텐츠에 경고 표시를 의무화하고 사용자 인증을 강화하는 법적 대응을 통해 딥페이크의 악용을 방지하고 있다.

이와 같은 부작용을 줄이기 위하여 AI 기반의 딥페이크 탐지 기술이 중요해지고 있다. 최근 Microsoft의 Video Authenticator와 같은 AI 도구는 프레임 단위로 영상을 분석하여 픽셀 이상, 비정상적인 움직임, 음성 합성의 불일치를 감지함으로써 딥페이크 여부를 판별하는 기능을 선보였다. 이러한 탐지 도구는 딥페이크 영상의 진위 여부를 식별하는 데 필수적이며, 신뢰할 수 있는 정보 제공을 위한 주요 대응 방안이 되고 있다.

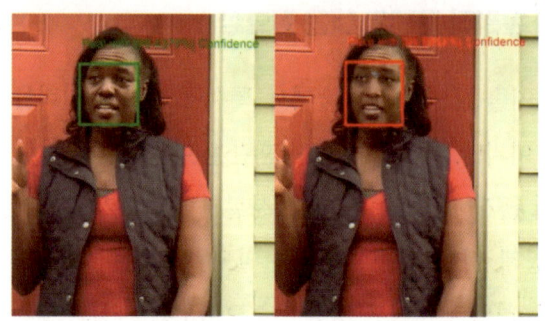

Microsoft의 Video Authenticator Sample UI

생성형 AI 창작물의 저작권 문제

생성형 AI가 텍스트, 미술, 음악 등 다양한 창작물을 생성하는 시대가 열리면서, AI가 생성한 콘텐츠의 저작권은 누구에게 귀속되는가에 대한 논쟁과 더불어 논의가 활발히 이루어지고 있다. 전통적인 저작권법은 창작자의 권리를 보호하고, 창작물의 경제적 가치를 인정하는 데 초점을 맞춘다. 하지만 AI가 창작한 작품의 경우에는 이 법이 명확히 적용되지 않으며, 이에 대한 기준도 국가별로 차이가 있다.

어떠한 국가에서는 AI가 100% 생성한 콘텐츠에 저작권 보호를 적용하지 않으나, 일부 국가에서는 인간이 AI와 협력하여 창작한 경우에는 제한적인 저작권 보호를 인정하기도 한다. 대표적으로 OpenAI 포함한 AI 개발 기업들은 상업적 이용 시 허가를 요구하고, 2차 저작물 생성에 대해 구체적인 규제를 두어 사용자들이 AI 창작물을 윤리적으로 사용할 수 있도록 한다. AI 창작물의 저작권 문제는 앞으로 AI를 통한 창작이 증가할수록 더욱 복잡해질 가능성이 크며, 새로운 법적 기준 마련과 개선이 필요한 상황이다.

윤리적 대응과 AI 사용 규제의 필요성

딥페이크와 AI 창작물의 저작권 문제는 AI 기술이 미치는 영향과 윤리적 부작용을 잘 보여 주는 대표적인 사례이다. 현재 여러 국가와 기업에서는 구체적인 대응 방안을 마련하고 있으며, 생성형 AI가 고도화됨에 따라 안전하고 윤리적으로 사용할 수 있는 구체적 지침으로 아래와 같은 주요 대응 방법이 논의되고 있다.

법적 대응 및 경고 표기 의무화

딥페이크 콘텐츠에 대해 법적 규제를 강화하고, 가짜 영상 콘텐츠에는 경고 표시와 사용자 인증 절차를 의무화하고 있다. 예를 들어, 미국 캘리포니아주에서는 선거 기간 동안 특정 인물의 얼굴을 이용한 딥페이크 콘텐츠 제작과 배포를 제한하는 법률과 규제 도입을 통한 노력을 하고 있다.

AI 생성 콘텐츠 탐지 기술 개발

AI가 생성한 콘텐츠의 진위를 검증하기 위해 Microsoft의 Video Authenticator와 같은 AI 기반 탐지 솔루션이 개발되고 있다. 이 도구는 영상의 조작 여부를 분석하여 허위 정보를 차단할 수 있는 효과적 수단이며, 공공기관, 언론사, 플랫폼 기업 등에서 폭넓게 활용되고 있다.

교육과 인식 개선

또한, 딥페이크의 위험성을 인식하고, 신뢰할 수 있는 정보를 구별할 수 있도록 하는 교육 프로그램을 마련하는 것이 중요하다. 이를 통해 사람들이 허위 정보와 사실을 구분할 수 있는 능력을 기르고, 신뢰할 수 있는 정보에 대한 기준을 확립하는 데 기여할 수 있다.

저작권 보호 및 사용 규정 마련

이처럼 AI 창작물에 대한 근본적인 인식 교육과 더불어 저작권 보호와 사용 규정을 마련해 상업적 이용 및 2차 창작에 대한 책임 있는 사용을 보장해야 한다. 이를 통해 사용자는 AI 생성 콘텐츠를 윤리적으로 활용할 수 있으며, 법적 책임을 명확히 하여 창작의 안전성을 높일 수 있고, 더 나아가 생성형 AI에 대한 사회적 시각 측면에서 긍정적인 수용이 이루어질 것이다.

2.5
AI가 만드는 세상, 인간만의 영역인가? AI의 도전인가?

이렇듯 생성형 AI는 단순 콘텐츠 생산 활동을 넘어, 모든 산업 분야와 비즈니스 모델에까지 폭넓게 영향을 미치고 있다. AI 기술의 발전은 이미 다양한 분야에 스며들며 혁신적인 변화를 이끌어 내고 있다. 생성형 AI와 일반 인공지능(AGI) 기술은 콘텐츠 창작과 데이터 분석을 뛰어넘어 제조, 의료, 금융, 미디어 등 거의 모든 산업군에 적용 가능성을 보여 주고 있다.

그러나 이러한 기술 혁신이 가져다주는 혜택 뒤에는 반드시 극복해야 할 도전 과제도 뒤따르고 있다. 그중에서도 가장 근본적인 질문은 "AI가 인간의 역할을 대체할 수 있는가?"라는 문제이며, 나아가 "인간만의 고유한 영역은 어떻게 보호될 것인가?"라는 고민으로 이어진다. AI가 만드는 미래 사회에서 인간이 지니는 가치와 역할은 무엇이며, 우리의 삶과 일자리는 어떤 방식으로 변화할 것인가 등… 필자는 이 모든 질문들이 앞으로 더욱 심화될 논의의 핵심 과제가 될 것으로 본다.

AI와 인간의 공존을 위한 노력은 단순히 법적 장치와 기술적 대응에 그치지 않는다. AI가 더 넓은 범위에서 인간의 역할을 대체할 수 있는 가능성을 제시하면서, 우리에게 남겨진 인간 고유의 영역에 대한 성찰이 중요해졌다. 창의적 사고, 윤리적 판단, 그리고 감정적 교류는 AI가 쉽게 따라올 수 없는 인간의 고유한 특성이며, 이러한 특성을 보호하고 강화하기 위한 노력이 필수적이다. 이러한 관점에서 AI가 발전할수록, 우리는 기술의 영향력에 매몰되지 않고 '인간다움'을 잃지 않도록 하는 사회적·윤리적 기준을 마련이 절실하다.

분명 AI가 만드는 새로운 세상은 혁신적이지만, 인간만의 영역에서 발현되는 도덕적 판단과 사회적 책임, 창의성을 어떻게 보호하고 발전시킬지에 대한 고민이 동반되어야 한다. AI 기술이 가져올 사회적 변화를 맞이하는 이 시대에, 인간다움을 유지하고, 윤리적 기준을 수립하며, 이를 바탕으로 한 공존 전략을 마련하는 것이 중요하다.

다음 장에서는 이러한 AI의 발전으로 변화하게 될 AI 시대의 직업직 변화를 주된 내용으로 앞으로 우리가 준비해야 인식, 그리고 직업의 미래와 전문성에 대한 정의를 어떻게 재정립할 것인가에 대한 필요성에 대하여 구체적으로 나누어 보고자 한다.

3장
AI가 바꾸는 직업의 미래, 무엇이 필요할까?

이 장은 AI가 직업과 전문성을 어떻게 변화시키는지 다루고, 이에 맞춰 우리 인간이 준비해야 할 역량을 제시하고자 한다. 먼저, 반복적 업무를 대체하는 AI와 달리 창의성·공감·윤리 판단이 필요한 영역은 인간의 몫으로 남음을 강조하며, 이어 의료·법률·교육 등에서도 '융합 전문성'이 요구되며, 방대한 데이터 분석력을 갖춘 AI와 인간적 통찰이 결합해야 함과 어떻게 준비해야 하는지 함께 나누고자 한다.

3.1
대체 가능한 직업, 불가능한 직업

AI에 의해 대체 가능한 직업

AI는 기본적으로 반복적이고 규칙성이 뚜렷한 작업을 수행하는 데 강점을 가지고 있다. 특히 방대한 데이터로부터 패턴을 추출하고 분석하는 작업에서 탁월한 성능을 발휘한다. 이에 따라, 예측 가능한 절차나 규칙을 따르는 직무는 AI에 의해 쉽게 대체될 가능성이 크다.

Cursor AI IDE Tool 화면

예를 들어, 프로그래밍이나 금융 분석, 법률 상담의 초기 단계에서 AI가 이미 효율적으로 활용되고 있다. AI는 프로그래밍 코드에서 오류를 감지하고 최적의 알고리즘을 추천하는 등의 작업을 수행할 수 있으며, 이는 숙련된 엔지니어들이 AI와 협력하여 더 효율적인 코드를 작성하는 데 도움을 주고 있다.

생성형 AI 개발 Tools 'Bolt' 화면

특히, 법률 분야에서는 간단한 법률 자문과 서류 작성과 같은 작업이 이미 자동화되고 있다. 미국의 일부 대형 로펌에서는 견습 변호사들이 하던 초기 업무를 AI가 담당하면서, 소수의 숙련된 변호사들이 고난도의 문제에 집중할 수 있도록 하는 방식으로 변화하고 있다. 이는 기업이 인건비를 절감하면서도 품질 높은 법률 서비스를 제공할 수 있는 방법으로, AI 도입이 가속화되는 사례이다.

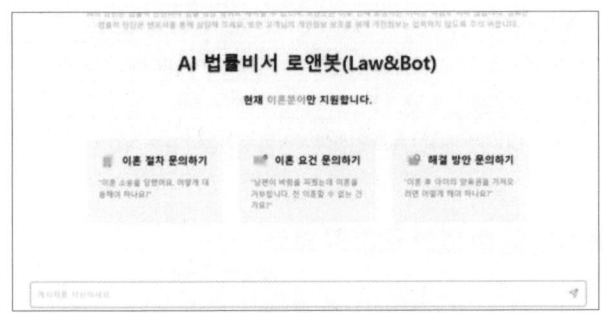

AI 법률 서비스 플랫폼 (출처: 로앤굿 홈페이지)

또한, 금융 산업에서 AI는 방대한 거래 데이터를 실시간으로 분석하고, 거래 패턴을 파악해 리스크 관리와 자산 배분 전략을 도출하는 데 중요한 역할을 하고 있다. 금융 분석가는 AI와의 협업을 통해 더 깊이 있는 분석을 수행할 수 있게 되지만, 데이터 수집 및 단순한 패턴 분석 업무는 AI가 대체하게 될 것이다. 규칙성이 뚜렷한 작업을 중심으로 AI가 자리 잡으면서, 이러한 직무는 점점 인간의 영역에서 멀어지고 있다.

순위	직업	Job Title	위험성
1	텔레마케터	Telephone Salesperson	99.0%
2	(컴퓨터)입력요원	Typist or related keyboard worker	98.5%
3	법률비서	Legal secretaries	98.0%
4	경리	Financial accounts manager	97.6%
5	분류업무	Weigher, garder or sorter	97.6%
6	검표원	Routine inspector and tester	97.6%
7	판매원	Sales administrator	97.2%
8	회계 관리사	Book-keeper, payroll manager or worker	97.0%
9	회계사	Finance officer	97.0%
10	보험사	Pensions and insurance clerk	97.0%
11	은행원	Bank or post office clerk	96.8%
12	기타 회계관리자	Financial administrative worker	96.8%
13	NGO 사무직	Non-governmental Organisation	96.8%
14	지역 공무원	Local government administrative worker	96.8%
15	도서관 사서 보조	Library derk	96.7%

BBC가 예측한 AI로 인하여 사라질 위험성이 높은 직업들

인간만이 수행할 수 있는 직업의 영역

반면, 창의적이고 비정형적인 문제 해결이 필요한 직무는 AI가 대체

하기 어려운 영역으로 남아 있다. 이러한 직무들은 단순히 데이터를 분석하는 것을 넘어, 상황에 따라 유연하게 접근하고 복잡한 의사결정을 내리는 인간의 능력을 요구하기 때문이다. 예를 들어, 심리 상담사, 예술가, 고급 전략 경영자와 같은 직무는 감정적 교류나 인간 특유의 직관을 바탕으로 이루어지기 때문에 AI가 쉽게 대체할 수 없다.

예술 분야에서는 AI가 창작물의 일부를 생성할 수는 있지만, 인간의 정서와 감정이 깊이 깃든 예술 작품을 완전히 대신할 수는 없다. AI가 생성형 예술 작품을 만들어 내기는 하지만, 그 작품에 담긴 인간의 감정적 연출이나 사회적 맥락에 대한 이해는 아직 인간만이 할 수 있는 영역으로 남아 있다. AI는 데이터를 기반으로 이미지를 생성하거나 음악을 작곡할 수 있지만, 창작자의 의도나 예술적 표현을 통해 감상자와 깊이 교감하는 능력은 여전히 인간의 고유한 영역으로 남아 있다.

또한, 고위급 경영자나 리더의 전략적 판단 역시 인간의 몫으로 남아 있다. 이는 비즈니스 환경이 복잡하고 예측 불가능하기 때문이다. 경영자는 단순한 데이터 분석을 넘어, 직원과의 상호작용, 조직 문화의 관리, 사회적 책임 등 다양한 요소를 종합적으로 고려해야 한다. AI는 일부 의사결정 데이터를 제공할 수 있지만, 조직의 비전과 가치에 따라 복잡한 결정을 내리는 역할은 인간이 해야 한다. 상황의 맥락과 인간적인 판단이 결합된 의사결정은 인간만이 수행할 수 있는 고유한 영역으로, AI가 단기간에 대체하기 어려운 부분이다.

직업 세계의 변화와 '인간다움'의 중요성

AI가 다양한 직무에서 인간의 역할을 대체하면서도 여전히 인간만이 수행할 수 있는 영역이 존재한다는 것은, AI 시대에 '인간다움'이 더욱 중요해진다는 사실을 시사한다. AI가 효율적이고 반복적인 작업을 맡게 되면, 인간은 창의성과 공감 능력, 윤리적 판단과 같은 AI가 쉽게 따라올 수 없는 역량을 더욱 개발하고 발휘해야 한다. 예를 들어, 심리상담사나 예술가, 사회복지사와 같은 직무는 AI의 대체가 어려운 분야로, 인간적 연결과 감정적 공감이 핵심이다. 이러한 직무는 단순한 기술적 전문성뿐만 아니라, AI가 결코 모방할 수 없는 인간다움이 핵심 자원으로 작용한다.

AI의 발전이 직업 세계를 혁신하는 과정에서 AI와의 협업 능력을 갖춘 인간은 더 큰 경쟁력을 가지게 될 것이다. 단순히 AI에 의존하는 것이 아니라, AI의 한계를 이해하고 이를 통해 자신만의 가치를 증대시키는 접근이 중요해진다. 예를 들어, 의료 분야에서 AI를 활용해 보다 정확한 진단과 치료 계획을 수립하는 의사들이 늘어나고 있으며, 이러한 사례는 AI와 인간의 협업이 직업의 미래에서 필수 요소로 자리 잡을 것임을 보여 준다.

결론적으로, AI 시대에는 대체 가능한 직업과 불가능한 직업의 경계가 더욱 명확해지고 있다. AI가 인간의 작업을 효율적으로 수행할 수 있는 부분은 맡게 되는 반면, 인간의 고유한 창의성과 윤리적 판단이 필요한 분야에서는 여전히 인간이 중요한 역할을 담당하게 될 것이다. 이로 인해 인간은 AI와의 협업 능력을 강화하는 동시에, 인간만의 가치를 지킬 수 있는 창의성, 공감 능력, 복합적 사고 능력을 지속적으로 개발해야 할 것이다.

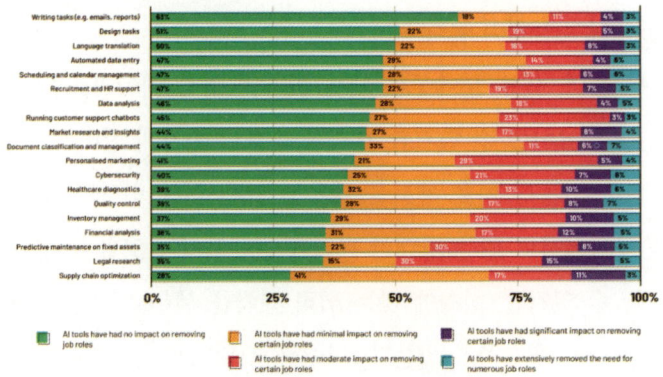

These Are the Jobs That AI Is Actually Replacing in 2024
(출처: Tech.co)

AI와 인간의 공존… 그리고 미래 직업의 방향성

이처럼 AI의 발달은 기존 직업의 구조와 역할을 재편하며, 인간과 AI가 공존하는 새로운 직업 환경을 만들어 가고 있다. AI는 단순하고 반복적인 작업을 대신하며 인간이 보다 고차원적이고 창의적인 일에 집중할 수 있게 한다. 그러나 이러한 변화는 단순히 기술적 도약에 그치지 않고, 인간과 AI의 상호 보완적 관계를 중심으로 새로운 직업의 방향성을 요구하고 있다.

AI와 인간의 상호 보완적 역할

앞서 설명한 바와 같이 AI는 방대한 데이터를 빠르게 처리하고, 정해진 패턴을 인식하고 학습하는 데 탁월한 능력을 보인다. 하지만 인간의 고유한 감정적, 윤리적 판단 능력과 직관적 사고는 여전히 AI가 쉽게 모방할 수 없는 부분으로 남아 있다. 이러한 차이로 인해 AI는 인간의 일부분을 대체하기보다, 인간의 능력을 증폭하고 보조하는 방향으로 활용될 가능성이 높다.

예를 들어, 의료 분야에서 AI는 환자의 영상 데이터를 분석하고 초기 진단을 제안할 수 있지만, 이를 바탕으로 환자의 상태를 종합적으로 판단하고 맞춤형 치료 계획을 세우는 일은 인간 의사의 몫이다. 또한 법률 분야에서도 AI는 방대한 판례를 분석하여 참고할 수 있는 자료를 제공할 수 있지만, 상황에 맞는 법적 전략을 세우고 이를 고객과 논의하는 역할은 변호사가 맡는다. 이처럼 AI와 인간은 각자의 강점을 바탕으로 협력하여 보다 효과적이고 신뢰할 수 있는 결과를 만들어 내고 있다.

순위	자동화 대체 확률 높은 직업	자동화 대체 확률 낮은 직업
1	콘크리트공	화가 및 조각가
2	정육원 및 도축원	사진작가 및 사진사
3	고무 및 플라스틱 제품조립원	작가 및 관련 전문가
4	청원경찰	지휘자·작곡가 및 연주가
5	소세행성사무원	에니메이터 및 만화가
6	물품이동장비조작원	무용가 및 안무가
7	경리사무원	가수 및 성악가
8	환경미화원 및 재활용품수거원	메이크업아티스트 및 분장사
9	세탁 관련 기계조작원	공예원
10	택배원	예능 강사
11	과수작물 재배원	패션디자이너
12	행정/경영지원관련서비스	국악 및 전통 예능인
13	주유원	감독 및 기술감독
14	부동산 중개인	배우 및 모델
15	건축도장공	제품디자이너

AI 자동화로 인한 대체 확률 직업 관련

공존을 위한 직업적 역량의 변화

AI와 인간이 공존하기 위해서는 직업적 역량에도 변화가 필요하다. 단순한 기술 습득을 넘어 AI와 협력하는 능력, 즉 AI의 기능과 한계를 이해하고, 이를 활용해 문제를 해결할 수 있는 능력이 필수적이다. 이러한 능력을 "AI + Literacy" 즉, "AI Literacy(AI 리터러시)"라고 말하며, 미래의 역량에 있어 선택이 아닌 필수 역량으로 자리 잡을 것으로 보인다. 추가적으로, 미국 국가 인공지능 자문 위원회에서는(NAIAC, National Artificial Intelligence Advisory Committee) AI 리터러시를 "AI 툴뿐만 아니라, AI를 통한 결과물을 사용하고, 비판적으로 평가할 수 있는 역량"으로 정의하고 있다. 인공지능의 이점과 위험성을 이해하고, 그것이 우리 생활에 어떻게 영향을 미칠지에 대한 평가를 개개인이 할 수 있어야 한다는 뜻이다.

글을 모르는 사람은 정보에서 분리되고, 정보에서 분리되면 결국 비즈니스 환경에서 도태된다. 특히, 인적 지원이 중요해진 지금 AI 리터러시는 직원 교육 분야에서 가장 필수적이다. 이는 마치 외국어를 배우는 것과 비슷하다고 볼 수 있다. 우리가 영어를 배운다고 말하는 건 영어의 언어학적인 개념을 배우는 것이 아니라 '읽고 쓰는 법'을 배워 의사소통에 어려움이 없도록 하는 것을 의미하듯이, AI 또한 마찬가지로, AI를 사용하고 소통하는 데 불편함이 없도록 읽고 쓰는 것을 배우는 것이 AI 리터러시인 것이다. 이렇게 되면 공학적인 관점에서 AI를 바라보는 것이 아니라 다양한 시각에서 본인에게 필요한 방향성과 깊이로 AI를 이해할 수 있게 된다.

2024년도에 중요하게 다루었던 주제 중 하나는 '프롬프트 엔지니어링'이었다. 산업화 시대까지는 주어진 질문에 대한 정답을 맞히는 능력이 중요한 역량으로 강조되어 왔다면, AI 시대에서는 단순히 정보를 기억하는 것보다 정보를 적절하게 이해하고 원하는 결과를 만들어 내는 능력이 더욱더 중요해졌다는 의미이기도 하다.

여기에서 단순한 기술 교육과 '질문하는 능력'의 차이가 생긴다. 생성형 AI가 이제 자연어를 이해하고 답변할 수 있는 능력이 생겼기 때문에, AI를 이해시키고 원하는 답변을 얻을 수 있는 '공학적 논리성에 부합하는 언어 역량'이 어느 정도냐에 따라 내가 원하는 정보를 얼마나 정확하게 얻을 수 있는지가 갈리게 된다. 그리고 이 언어 역량은 코딩 기술 습득이 아니라 소프트웨어의 기본 원리를 이해하고 사고력과 논리력을 기르는 것이 본질이다. 오히려 코딩 기술 자체에 매몰되면 문법적인 부분에 집착하고 코드 구현 여부를 기준으로 문제를 이분법적으로 사고하게 되기 때문에 언어의 맥락적인 논리력을 놓칠 가능성이 크다.

실제로 2020년 듀리 롱(Duri Long)은 AI 리터러시를 "개인이 AI 기술을 비판적으로 평가할 수 있게 해 주는 일련의 역량으로서, AI와 효과적으로 의사소통하고 협업하며 온라인, 가정 및 직장에서 AI를 도구로 사용하는 역량"으로 정의하고, AI 리터러시를 갖추기 위해서는 데이터 사이언스, 프로그래밍, 문제 해결력, 비판적 사고 등의 역량에 인문학적 소양이 더해져야 한다고 주장하였을 만큼 중요한 역량이라고 생각한다.

이와 더불어 AI의 분석 결과를 이해하고 인간적 판단을 더해 최종 결정을 내리는 '하이브리드 역량' 또한 더욱더 중요해질 것이다.

AI와 인간의 협력 모델

또한, AI와 인간이 공존하는 미래 직업의 핵심은 협력 모델을 기반으로 한 직무 재설계이다. 이러한 모델에서는 AI가 기본적인 데이터 처리와 반복적인 작업을 맡고, 인간은 복합적 사고와 창의적 문제 해결에 집중할 수 있게 된다. 이는 단순히 AI의 도움을 받는 것에 그치지 않고, AI를 도구로 삼아 인간의 가치를 증대 시키는 직업 환경을 의미한다.

예를 들어, 교육 분야에서 AI는 학생들의 학습 성향과 성과를 분석하여 맞춤형 학습 콘텐츠를 추천할 수 있다. 이를 통해 교사는 학생 개개인의 필요에 맞춘 교육적 접근을 할 수 있으며, 감정적 교류와 격려를 통해 학생의 전인적 성장을 지원할 수 있다. 이러한 방식으로 AI와 인간의 역할이 분리되면서도 보완적으로 결합되는 직업 모델이 확산되고 있다.

또한, 창의적 콘텐츠 제작 분야에서도 AI는 초안 생성과 반복 작업 자동화에 기여할 수 있지만, 최종적인 창작물의 메시지와 감정적 요소는 인간 창작자가 담당한다. 이처럼 AI와 인간이 각자의 강점을 극대화하여 협력하는 구조는, 앞으로 다양한 분야에서 직무의 성격과 역할을 재정의하는 계기가 될 것이다.

인간 고유의 가치를 지키는 직업적 방향성

AI 기술의 발전은 직업 세계에서 인간과 AI의 역할을 재정립하도록 요구하고 있다. AI는 단순하고 반복적인 작업을 대신하면서 인간이 창의적이고 고차원적인 업무에 집중할 수 있게 돕고 있지만, 동시에 AI와 인간의 상호 보완적인 관계를 바탕으로 새로운 직업적 방향성을 모색해야 한다. 인간은 AI와 협력하면서 자신만의 고유한 가치를 지키고,

더 나아가 그 가치를 더욱 확대해 나갈 필요가 있다.
　AI는 방대한 데이터를 기반으로 패턴을 찾아내고 예측할 수 있지만, 창의성, 공감 능력, 복합적 문제 해결 능력은 여전히 인간만이 가진 고유한 역량이다.

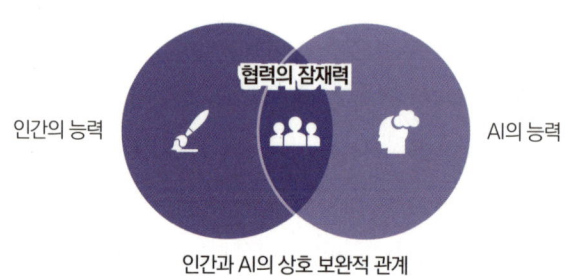

인간과 AI의 상호 보완적 관계

　창의성(Creativity)은 예술, 디자인, 광고 분야 등에서 중요하게 작용하며, AI가 쉽게 모방할 수 없는 인간의 고유한 자산이다. AI는 기존 데이터를 학습해 특정 스타일이나 패턴을 재현할 수 있지만, 전혀 새로운 발상을 통해 문화적, 예술적 가치를 창출하는 것은 인간만이 할 수 있는 직업이다. 예술가는 작품에 자신만의 감성과 해석을 담아내며, 이는 AI가 단순히 데이터를 처리하는 것 이상의 창의적 과정이다.
　또한, 감정적 공감 능력(Empathy)도 인간이 가진 고유한 특성이다. AI가 인간의 언어와 행동 패턴을 모방하며 기본적인 소통을 수행할 수는 있지만, 감정을 이해하고 공감하는 데에는 한계가 있다. 심리 상담사나 요양 보호사와 같은 직업은 환자의 감정과 상태를 세심하게 읽어내고 맞춤형 상호작용을 통해 지원하는 역할을 한다.
　예를 들어, 심리 상담사는 환자의 언어와 표정, 제스처 등을 통해 감정적 요구를 파악하며 이를 바탕으로 상담의 방향을 결정한다. 이러한 공감 능력은 AI가 단순히 흉내 낼 수 없는 인간만의 강점으로, 의료, 교육, 복지와 같은 분야에서 인간이 계속 중요한 역할을 할 수 있는 이유가 된다.

복합적 문제 해결 능력(Complex Problem Solving)도 인간이 여전히 중요한 역할을 맡는 이유 중 하나다. AI는 규칙 기반의 데이터 분석을 통해 솔루션을 제안할 수 있지만, 예측 불가능하고 정형화되지 않은 문제를 해결하는 데는 여전히 한계가 있다.

인간은 경험과 직관을 바탕으로 상황을 종합적으로 이해하고 다양한 요소를 고려해 최선의 결정을 내릴 수 있다. 예를 들어, 의료 분야에서 의사는 환자의 증상뿐만 아니라 개인적 상황, 사회적 환경까지 고려하여 맞춤형 진단과 치료법을 제시한다. 이는 단순한 데이터 분석을 넘어서는 인간만의 비판적 사고와 복합적 문제 해결 능력을 요구한다.

윤리적 판단과 철학적 사고의 필요성

윤리적 판단과 철학적 사고는 인간이 AI와 차별화되는 중요한 영역이다. AI는 데이터를 기반으로 효율적 결정을 내릴 수 있지만, 이러한 결정을 둘러싼 사회적, 윤리적 맥락을 이해하고 적절히 판단하는 능력은 부족하다. 법조계와 의료계에서 인간의 윤리적 판단은 필수적이며, 인간은 사회적 규범과 윤리적 가치를 바탕으로 결정을 내리면서 필요할 경우 조정과 수정도 수행한다.

예를 들어, 법조인은 법적 규칙만을 따르는 것을 넘어서 사건의 사회적 맥락을 고려하고 윤리적 책임을 다해야 한다. 이와 같은 윤리적 판단(Ethical Judgment)은 AI가 따라 할 수 없는 인간의 고유 영역이며, 법적, 의료적 결정을 내려야 하는 직무에서 인간의 역할이 지속될 수밖에 없는 이유이기도 하다.

　우리는 AI와의 공존 속에서 인간의 직업적 방향성은 창의성, 감정적 교류, 윤리적 판단과 같은 인간의 본질을 지키며, 이를 AI와 협력해 증대시키는 방향으로 나아가야 한다. AI는 효율적 데이터 처리와 예측 능력을 통해 인간을 보조하고, 인간은 AI가 할 수 없는 감성적 교류와 고유의 직관적 능력을 발휘하는 역할을 맡아야 한다. 이러한 공존 속에서 인간은 기술의 수동적 수용자가 아닌 능동적 참여자로의 정체성을 확립하고, AI와의 협업을 통해 더 나은 사회적 역할을 수행해야 할 것이다.

　결국, AI 시대에도 인간의 고유한 강점은 기술의 한계를 보완하고, 사회적 가치를 창출하는 원천으로 남아 있을 것이다. 이와 같이 AI와의 협력 모델을 통한 직무 재설계로 인간의 본질적인 가치 증대는, AI 시대의 직업적 안정성을 강화하는 중요한 요소가 될 것이다. AI 기술의 발전과 함께 인간 고유의 역량을 지속적으로 개발하고, 이를 바탕으로 AI와 협력할 수 있는 능력을 갖추는 것이 AI 시대의 직업적 방향성이라 할 수 있다.

　이처럼 AI와 함께 만들어 갈 미래의 직업은 효율과 인간다움의 조화를 이루는 방향으로 준비하고 나아가야 할 것이며, 이는 인간과 AI의 공존 속에서 더욱 큰 사회적 가치를 창출하는 기반이 될 것이다.

3.2
AI 시대의 전문성 재정의

AI의 발전이 빠르게 진행되면서 전통적인 전문성의 개념 역시 크게 변화하고 있다. AI는 다양한 분야에서 인간의 역할을 보완하거나 일부는 대체하며, 그로 인해 전문직의 직무와 요구되는 능력도 새롭게 정의되고 있다. 이전에 언급한 내용과 같이, AI는 방대한 양의 데이터를 분석하고 복잡한 패턴을 찾아내는 데 뛰어나지만, 인간의 경험과 감정적 판단, 윤리적 결정이 필요한 부분에서는 여전히 한계를 지닌다. 이에 따라 AI 시대에 맞는 새로운 형태의 전문성은 특정 기술을 습득하는 데 그치지 않고, AI와 협력해 창의적이고 윤리적인 가치를 창출할 수 있는 능력을 포함하게 된다. 이 같은 변화는 의료, 법률, 교육 등 여러 전문 분야에서 두드러지게 나타나고 있다.

다음에서는 AI로 인한 전문성 변화의 대표적인 사례로 의료, 법률, 교육 분야에서의 내용을 조금 더 구체적으로 나누고자 한다.

의료 분야에서의 AI와 전문성 변화

의료 분야에서는 AI가 질병의 조기 진단과 예측에 큰 혁신을 가져왔으며, 진단 보조와 데이터 분석을 통해 의사의 판단을 지원하고 있다. 앞에서 다룬 내용과 같이, AI는 의료 데이터와 환자의 과거 기록을 바탕으로 신속하고 정확하게 질병의 징후를 감지하는 데 능숙하다. 방사선과의 경우, AI는 X-ray나 CT 스캔을 통해 질병을 발견하고, 판독 과정에서 오류를 줄이는 데 기여한다. 그러나 이러한 기술적 발전에도 불구하고, 환자의 종합적인 건강 상태를 파악하고 개별적인 치료 방침을 결정하는 역할은 인간 의사만이 수행할 수 있다. 환자의 전반적인 상태와 라이프스타일, 심리적 요소 등을 고려한 최종 결정은 단순한 데이터 분석 이상의 경험과 직관이 요구되기 때문이다.

또한, 이전의 내용과 같이 AI는 의료 데이터에서 패턴을 추출하고 예측을 제안할 수 있지만, 환자와의 소통과 정서적 교감을 대체할 수 없다. 예를 들어, 암 환자가 진단 결과를 받았을 때의 심리 상태를 이해하고 정서적으로 지지해 줄 수 있는 능력은 인간 의사의 몫이다. AI의 보조 역할이 확대됨에 따라 의사들은 기계적인 진단 역할에서 벗어나, 정서적 교감을 통한 치료를 중시하는 방향으로 변화하고 있다. 이러한 변화는 AI와 인간의 협력이 의료 환경에서 필수적임을 보여 주며, 의료 분야의 전문성 또한 AI를 이해하고 함께 활용할 수 있는 능력으로 진화하고 있음을 시사한다.

법조계의 AI 활용과 전문성 변화

법률 분야에서도 AI가 큰 변화를 가져오고 있다. 앞에서 나눈 내용과 같이, AI는 법률 문서와 판례를 빠르게 검색하고 정리하여, 법률가들이 효율적으로 자료를 검토할 수 있게 돕는다. 특히 AI 기반 법률 분석 시스템은 복잡한 법적 문제를 다루기 전에 방대한 양의 법률 정보를 제공하여 변호사가 전략을 수립할 때 중요한 참고 자료를 제공한다. 이는 시간에 민감한 소송이나 대규모 법적 분쟁에서 빠르고 정확한 의사결정을 가능하게 하며, 법률가들의 업무 효율을 높이는 데 큰 도움을 준다.

그러나 법률적 판단은 단순히 데이터 분석으로만 이루어지지 않는다. 판례와 법률의 해석은 맥락과 상황에 따라 달라지며, 윤리적 판단과 경험이 중요한 역할을 한다. 예를 들어, 동일한 사건이라도 사회적 맥락과 관계자의 의도를 감안하여 법을 적용하는 방식은 법률가의 고유한 판단이 필요한 부분이다. AI는 규칙을 따라 법률 데이터를 분석할 수 있지만, 이러한 윤리적이고 복합적인 결정을 대신할 수 없다. 이러한 점에서 법조계의 전문성은 AI가 제안하는 데이터를 효과적으로 활용하면서도, 인간의 직관과 경험에 기반한 최종 결정을 내릴 수 있는 판단력을 요구하게 된다.

교육 분야의 AI 도입과 전문성 변화

교육 분야에서도 AI는 학습 방식을 근본적으로 변화시키고 있다. AI는 개별 학생의 학습 데이터를 분석하여 맞춤형 교육 프로그램을 제공함으로써 학습 효율을 높이는 역할을 수행한다. 이전에 다룬 바와 같이, AI 기반의 개인화 학습 시스템은 학생의 이해도와 학습 속도를 실시간으로 분석하여, 개인의 학습 스타일에 최적화된 교육 내용을 제공한다. 이러한 시스템은 특히 집중도가 낮거나 학습 진도가 빠른 학생들이 자신의 속도에 맞게 학습할 수 있도록 돕는 데 유용하다. 또한, AI는 학생의 학습 성취도를 즉각적으로 피드백함으로써, 교사가 학생의 학습 상태를 이해하고 적절히 대응할 수 있도록 한다.

AI 기반 수학 교육 플랫폼 '수학대왕' (출처: 수학대왕 홈페이지)

그러나 AI가 제공하는 학습 자료와 실시간 피드백에도 불구하고, 인간 교사의 역할은 여전히 필수적이다. AI는 학습 내용을 전달하고 학습 데이터를 기반으로 한 분석은 가능하지만, 학생의 정서적 요구를 이해하고 동기를 유도하는 역할은 인간 교사만이 할 수 있다. 예를 들어, 학습에 어려움을 느끼거나 좌절한 학생에게 격려와 동기 부여를 제공하는 일은 교사의 공감과 상호작용이 필요한 부분이다. AI는 학습을 보조하는 기능을 갖추고 있지만, 교육의 질을 높이기 위해서는 여전히 교사가 제공하는 감정적 지원과 인간적인 상호작용이 중요하다. 이와 같이 교육 분야의 전문성은 AI가 제공하는 학습 보조 도구를 이해하고 활용하는 능력뿐만 아니라, 학생의 정서적 성장과 학습 의욕을 높이는 역할로 발전하고 있다.

결과적으로, AI 시대의 전문성은 특정 업무를 수행하는 기술적 능력을 넘어, AI와 함께 일하면서 창의적 문제 해결과 윤리적 판단, 감정적 지원을 포괄하는 역량으로 변모하고 있다. AI는 이전에 다룬 바와 같이 효율성과 정확성을 제공하는 도구지만, 인간만이 지닌 직관, 경험, 감정적 연결은 여전히 대체할 수 없는 가치로 남아 있다. 따라서 AI 시대에서의 전문성은 AI의 장점을 최대한 활용하면서도, 인간 고유의 능력을 살려 AI와 협력하여 새로운 가치를 창출하는 방향으로 발전할 필요가 있다.

AI와 인간의 상호작용과 역할 변화

이와 같이, AI의 발전은 인간과 AI의 상호작용 방식을 급격히 변화시키고 있다. 이전에 다룬 바와 같이, AI는 이제 단순한 도구가 아닌, 인간과 협력하는 파트너로 자리 잡으며, 인간의 역량을 보완하고 확장하는 역할을 하고 있다. 이 변화는 단순히 효율성을 높이는 것을 넘어, 인간과 AI의 관계에서 역할의 본질적인 변화를 가져오고 있다.

협력적 파트너십 관계의 AI

앞에서 언급한 바와 같이, AI는 특히 데이터 분석과 예측에서 강점을 발휘하며 인간이 보다 창의적인 문제 해결과 복합적인 의사결정을 내릴 수 있도록 돕고 있다.

예를 들어, 기업 내에서는 AI가 방대한 시장 데이터를 분석하여 미래의 트렌드를 예측하고, 경영진에게 중요한 의사결정에 필요한 정보를 제공한다. 이러한 방식으로 AI는 단순히 결과를 제시하는 도구를 넘어, 사람들의 판단을 돕는 협력적 파트너로 자리 잡고 있다.

AI와 인간의 역할 변화: 보완적 협력 모델

AI와 인간의 관계는 단순한 도구 사용의 단계를 넘어섰다. 이전의 장에서 논의한 바와 같이, AI는 점점 더 복잡한 작업을 수행할 수 있게 되었고, 이에 따라 인간은 창의성과 윤리적 판단을 요구하는 역할로 이동하고 있다. 앞에서 다룬 내용과 같이 법률 분야에서는 AI가 수많은 판례와 법적 문서를 분석하여 변호사가 전략을 수립하는 데 필요한 정보를 제공할 수 있다. 하지만 최종적인 법적 해석과 결론은 여전히 인간 변호사의 판단에 의존한다. AI는 단순히 데이터를 기반으로 가능한 방향성을 제시하는 데 그치고, 최종 책임과 판단은 인간에게 있다. 이는 법률가의 전문성이 AI와의 협력을 통해 새로운 방식으로 재정의되고 있음을 보여 준다.

또한, 교육에서도 AI가 학생들의 학습 패턴을 분석하여 맞춤형 교육 프로그램을 제공할 수 있게 되면서, 교사들은 보다 정서적이고 창의적인 부분에서 학생들과 상호작용하게 된다. AI는 학생의 학습 수준에 맞춘 자료와 피드백을 제공하지만, 교사는 학생의 감정 상태와 동기 부여에 개입하여 AI가 제공할 수 없는 정서적 지지를 제공한다. 이는 AI와 인간의 상호작용이 단순한 보조 이상의 복합적 협력 모델로 자리 잡고 있음을 나타낸다.

상호 보완적 역할 변화의 미래

AI와 인간의 관계는 역할의 고유성과 협력의 필요성이 혼합된 형태로 발전하고 있다. AI는 데이터 처리와 분석 능력에서, 인간은 창의적 문제 해결과 윤리적 판단에서 강점을 지닌다. 이와 같은 보완적 상호작용은 AI가 제공하는 정보와 통찰을 인간의 직관과 경험으로 해석하여 최적의 결정을 내리는 방식으로 이루어진다.

결과적으로, AI와 인간의 관계는 단순한 도구적 활용을 넘어서 상호 보완적 역할로 변화하고 있다. 이는 AI가 인간의 역량을 확장하고, 인간이 AI의 기술적 한계를 보완하는 상호 의존적 협력 모델로 발전하고 있음을 보여 준다.

전문성의 재정의: AI와 변화하는 전문성

이러한 AI의 발전은 현대 사회에서 '전문성'이라는 개념을 다시 정의할 필요성을 가져왔다. 과거에는 전문성을 특정 분야에서 고도의 지식과 숙련도를 가진 개인의 고유한 능력으로 여겼다. 그러나 AI가 분석, 예측, 생성 등에서 인간의 능력을 보완하고 확장함에 따라, '전문성'은 이제 단순히 개별적인 지식이나 기술의 축적을 넘어, AI와의 협력을 통해 더 큰 가치를 창출할 수 있는 능력을 의미하게 되었다.

전문성의 변화는 단순히 새로운 기술을 익히는 것을 넘어서 AI를 어떻게 도구이자 파트너로 활용하는지에 중점을 둔다. 이제 전문가는 AI가 제공하는 정보와 데이터를 최대한 활용하여 보다 창의적이고 전략적인 결정을 내릴 수 있어야 하며, AI와 인간의 역할을 균형 있게 조율하는 능력 또한 필수적이다. 이로 인해 전문성의 개념은 크게 세 가지로 재정의되고 있다.

1. AI 활용 능력과 협력적 사고

과거의 전문성이 특정 분야의 지식과 기술 숙련도를 의미했다면, AI 시대의 전문성은 AI의 기능과 한계를 이해하고 이를 적절히 활용하는 능력을 포함하게 되었다. 예를 들어, AI가 분석을 수행할 수 있다고 해서 전문가의 역할이 사라지는 것이 아니다. 오히려 AI가 도출한 분석 결과를 바탕으로 의미 있는 통찰을 도출하고, 창의적 결정을 내리는 능력이 요구된다. 전문가가 AI의 기능을 충분히 이해하고 그 활용법을 숙지할 때, AI와 협력하여 보다 효율적이고 정확한 결과를 만들어 낼 수 있다.

이는 AI의 연산 능력을 뛰어넘는 인간의 고유한 능력, 즉 비판적 사고와 창의성을 요구하며, 이러한 능력이 전문가의 주요 역량으로 떠오르고 있다. 전문가가 AI와 효과적으로 상호작용할 수 있을 때, AI의 데이터를 단순히 분석 결과로 받아들이는 것이 아니라, 창의적으로 활용해 문제를 해결할 수 있다.

2. 새로운 직무와 융합적 전문성의 등장

AI 시대는 다양한 직무와 산업에서 융합적 전문성을 요구하고 있다. 전통적인 직무가 AI와의 협력을 통해 재구성되며 새로운 역할이 탄생하고, 이로 인해 전문성의 정의가 확장되고 있다. 예를 들어, 프롬프트 엔지니어(Prompt Engineer)는 AI의 언어적 응답을 최적화하기 위해 구체적이고 세심한 지시를 내리는 역할을 수행하는데, 이는 언어학적 이해와 AI에 대한 기술적 이해를 겸비한 융합적 전문성을 필요로 한다.

이러한 융합적 전문성은 전통적인 한 분야의 지식에 국한되지 않고, AI와 인간의 역할이 결합된 새로운 직무에서 더욱 요구된다. 전문가들은 이제 자신의 본연의 분야뿐만 아니라, AI 기술과 협업 방식을 이해하고 이를 능숙하게 다루는 것이 중요한 역량으로 자리 잡고 있다. 예를 들어, AI 심리학자나 웰빙 매니저는 AI가 인간의 정서와 행동에 미치는 영향을 분석하고 지원하는 역할을 하며, 이들 역시 심리학적 지식과 AI 활용 능력을 융합한 전문성이 필요한 것과 같은 것이다.

3. 지속적 학습과 적응의 전문성

AI 기술은 빠르게 발전하고 있으며, 이러한 기술 변화에 적응하는 능력 또한 현대적 의미의 전문성에 포함된다. 과거에는 특정 기술을 습득하고 숙련도를 높이는 것이 전문성의 증명이라 여겼지만, AI 시대에서는 끊임없는 학습과 적응이 필수적이다. 새로운 AI 기술과 데이터 분석 방법, 그리고 이를 응용하는 방식을 지속적으로 학습하는 능력이 전문가로서의 경쟁력을 유지하는 핵심이다.

AI의 발전 속도는 산업과 직무의 변화 속도를 앞지르며, 전문가는 변화에 능동적으로 대처할 수 있는 적응력을 갖춰야 한다. 예를 들어, AI 리터러시 교육 전문가는 AI 기술과 윤리에 관한 최신 동향을 습득하고, 이를 학습자에게 적절히 전달해야 한다. 지속적 학습을 통해 변화하는 AI 환경에 대한 최신 정보를 습득하고, 이러한 변화에 맞추어 자신의 역할을 재정립하는 능력은 AI 시대의 중요한 전문성으로 자리매김하고 있다.

결국, AI 시대의 전문성은 단순한 지식의 축적이 아닌 AI와 인간의 협업을 통해 문제를 해결하고 새로운 가치를 창출하는 능력으로 정의된다. 이는 AI가 분석과 처리의 속도를 높이고, 인간이 창의적이고 비판적인 사고로 이를 보완하는 상호 보완적 역할을 요구한다. AI와 인간이 함께 만들어 가는 미래에서 전문가란 단순히 자신만의 지식에 머무르지 않고, AI와의 협력을 통해 더 넓은 시야를 가지고 문제를 해결하는 능력을 가진 사람을 의미하게 될 것이다. AI와 인간의 조화 속에서 전문성이 재정의되는 시대, 이는 우리의 직업과 삶 전반에 걸쳐 새로운 기회를 제공할 것이다.

참고: AI와 협력하는 새로운 직무 사례

1. 기술 및 데이터 분석 분야

A. 프롬프트 엔지니어(Prompt Engineer)

프롬프트 엔지니어는 AI 모델과의 상호작용을 최적화하기 위해 적절한 입력(프롬프트)을 설계하는 직무다. 이전에 설명한 것처럼 생성형 AI(Generative AI) 모델은 입력된 프롬프트에 따라 다양한 결과를 생성하므로, 원하는 결과를 얻으려면 명확하고 구체적인 프롬프트가 필요하다.

예를 들어, 마케팅 캠페인에서 "20대 여성을 대상으로 한 화장품 광고 문구"를 생성할 때, "20대 여성이 선호하는 트렌드를 반영해, 친근하고 신뢰감을 주는 톤으로 작성하라"와 같은 세부 지시어를 제공하여 AI가 보다 적합한 문구를 생성하도록 유도한다.

> **사례**
>
> 글로벌 뷰티 브랜드 로레알(L'Oréal)의 캠페인에서 프롬프트 엔지니어는 AI 솔루션 GPT-3를 활용해 다양한 고객 유형에 맞춘 광고 문구를 생성하도록 작업했다. 예를 들어, "30대 직장 여성을 위한 프리미엄 화장품 광고 문구" 또는 "여행 중 휴대 가능한 스킨케어 제품 소개"와 같은 구체적인 프롬프트를 설계해 AI가 각기 다른 타깃층을 위한 맞춤 문구를 생성하게 했다. 이를 통해 로레알은 고객 반응을 분석하여 맞춤형 마케팅의 성공률을 높였으며, 프롬프트 엔지니어가 구체적인 지시어를 설계한 덕분에 캠페인의 성과가 증대되었다.

B. 데이터 큐레이터(Data Curator)

데이터 큐레이터는 AI 모델의 학습 데이터를 관리하고 선별하는 역할을 수행하며, AI의 성능과 공정성을 유지하기 위해 중요한 직무다. 예를 들어, 의료 분야에서 데이터 큐레이터는 특정 인종이나 성별에 치우치지 않은 의료 데이터를 선별해 AI 모델에 제공하여 진단의 공정성과 정확성을 높인다.

사례

글로벌 의료 AI 기업인 IBM Watson Health의 데이터 큐레이터는 암 진단 AI 모델의 데이터 구축을 위해 미국, 유럽, 아시아 등 다양한 지역의 의료 데이터를 수집하여, 인종과 성별에 따른 데이터 편향을 줄이기 위해 노력했다. 데이터 큐레이터는 다양한 환자 그룹을 대표하는 데이터를 AI 모델에 반영했으며, 이를 통해 Watson Health의 암 진단 AI는 다양한 환자 집단에 대해 높은 정확도를 유지할 수 있었고, 공정하고 신뢰성 있는 진단 모델로 평가받았다.

2. 의료 및 웰빙 분야

A. AI 데이터 분석 전문가(AI Data Analyst)

의료 분야에서 AI 데이터 분석 전문가는 방대한 의료 데이터를 AI 시스템이 효과적으로 분석하고 패턴을 도출할 수 있도록 감독하고 관리한다. 예를 들어, AI가 X-ray나 MRI 데이터를 분석해 암의 초기 징후를 발견하도록 돕는 일을 맡으며, 이 과정에서 AI가 제시한 결과를 의학적으로 해석하고, 의료진이 이를 참고할 수 있도록 지원한다.

사례

미국의 메이요 클리닉(Mayo Clinic)에서 AI 데이터 분석 전문가는 폐암 조기 진단 AI 솔루션 AIDoc을 도입해, 환자의 X-ray 및 CT 스캔을 분석하여 폐암 초기 징후를 발견하는 데 기여했다. AIDoc 솔루션은 폐암 초기 증상과 관련된 미세 패턴을 감지하도록 학습되었으며, AI 데이터 분석 전문가가 이를 의료진이 쉽게 활용할 수 있도록 지원했다. 이를 통해 메이요 클리닉은 조기 진단을 통한 생존율을 크게 높였다.

B. 의료 AI 보조관(Medical AI Assistant)

의료 AI 보조관은 AI가 실시간으로 수술실이나 응급실에서 의료진을 지원하도록 돕는다. 예를 들어, AI가 수술 중 발생할 수 있는 상황을 미리 예측하고, 환자의 기록을 정리해 실시간으로 제공함으로써 의사의 결정을 보조한다.

사례

미국의 존스 홉킨스 병원(Johns Hopkins Hospital)에서는 AI 기반 수술 보조 시스템 미미크(Mimic)를 사용하여, 수술 중 AI가 실시간으로 환자의 생체 데이터를 분석하고 위험 요소를 의료진에게 경고했다. 이 시스템은 수술 중 혈압, 심박수 등 주요 생체 데이터를 모니터링하고, 수술 환경에서 필요한 즉각적 지원을 제공했다. 이를 통해 의료진은 환자의 안전을 강화하고 예기치 못한 상황에 신속하게 대응할 수 있었다.

3. 법률 및 윤리 분야

A. 법률 AI 분석가(Legal AI Analyst)

법률 AI 분석가는 AI가 판례와 법률 문서를 분석하여 관련 정보를 법률 전문가에게 제공하는 역할을 한다. 예를 들어, AI가 수백 건의 유사 판례를 분석해 사건에 맞는 법적 논리를 제시하면, 법률 AI 분석가는 이를 변호사의 전략에 반영할 수 있도록 재구성한다.

> **사례**
>
> 미국 로펌 베이커 맥켄지(Baker McKenzie)는 법률 AI 분석가가 주도하여 Kira Systems의 법률 분석 AI를 활용해 대형 소송에서 수천 건의 판례와 계약서를 분석했다. 예를 들어, 환경 소송에서 Kira Systems의 AI는 관련된 유사 판례를 제시했으며, 법률 AI 분석가는 이를 토대로 변호 전략에 맞는 법적 근거를 변호사들에게 제공했다. 이러한 협력으로 베이커 맥켄지는 복잡한 소송에서도 효율적으로 대응할 수 있었다.

B. AI 윤리 감사관(AI Ethics Auditor)

AI 윤리 감사관은 AI 시스템이 법적·윤리적 기준을 준수하도록 감독하는 직무로, AI가 편향 없이 공정하게 작동하는지를 점검한다. 예를 들어, 채용 AI 시스템에서 성별이나 인종에 따른 편향 없이 지원자를 평가할 수 있도록 데이터의 편향성을 분석하고 개선한다.

사례

글로벌 컨설팅 회사 프라이스워터하우스쿠퍼스(PwC)는 채용 과정에서 AI 윤리 감사관을 통해 AI 채용 시스템 HireVue가 공정하게 작동하는지 검토했다. HireVue는 면접 과정에서 지원자의 비언어적 신호와 응답을 평가하는 AI로, 윤리 감사관은 데이터 편향성을 분석하고 필요할 경우 이를 조정하여 성별, 인종, 나이 등의 요소가 평가에 영향을 미치지 않도록 감독했다. PwC는 이러한 AI 윤리 감사관의 역할 덕분에 다양한 인재를 공평하게 평가하고 채용할 수 있었다.

4. 교육 분야

A. AI 리터러시 교육 전문가(AI Literacy Educator)

교육 분야에서 AI 리터러시 교육 전문가는 AI의 원리와 윤리적 사용 방식을 교육하는 전문가로, 학생과 직장인에게 AI의 활용법을 전달한다. 예를 들어, 기업에서는 직원들이 AI 시스템을 이해하고 윤리적으로 활용하도록 교육을 받으며, AI 리터러시 교육 전문가는 이 과정을 체계적으로 설계하고 실행한다.

사례

미국의 IT 기업 구글(Google)에서는 신입 직원과 경영진을 대상으로 AI 리터러시 교육을 제공하고 있으며, 구글의 AI 리터러시 교육 전문가는 AI의 원리, 윤리적 사용, 데이터 편향 문제 등을 교육한다. 예를 들어, AI 모델의 학습 한계와 윤리적 이슈에 대해 구체적인 사례를 통해 설명하여 직원들이 AI 기술을 책임감 있게 사용할 수 있도록 한다. 이 교육 프로그램은 구글 직원들의 AI 이해도를 높이고 윤리적 감각을 심어 주는 데 기여했다.

B. 학습 보조 AI 설계자(Learning Support AI Designer)

학습 보조 AI 설계자는 학생들이 학습할 때 맞춤형 교육 자료를 제공하는 AI 시스템을 설계하고 관리하는 역할을 수행한다. 예를 들어, AI가 학생의 학습 패턴과 이해도를 분석하여 개인 맞춤형 피드백을 제공하고, 특정 과목에서 성취도가 낮은 학생에게는 추가 학습 자료를 추천한다.

사례

한국의 에듀테크 기업 뤼이드(Riiid)는 학습 보조 AI 설계자가 주도하여, 영어 교육 솔루션 산타토익을 개발했다. 이 AI는 학생의 실력을 분석하고 개별 학습 패턴에 맞춘 문제를 추천하여 학습 효율을 높인다. 특히 산타토익은 성취도가 낮은 학생에게 더 많은 연습 기회를 제공하는 방식으로, 학습자를 위한 맞춤형 학습 환경을 제공하여 긍정적인 학습 성과를 이끌어 냈다.

5. 콘텐츠 분야

A. 초개인화 전략 전문가(Personalization Strategy Specialist)

콘텐츠 분야에서 초개인화 전략 전문가는 AI가 고객의 행동 패턴을 분석해 맞춤형 콘텐츠를 제공할 수 있도록 돕는다. 예를 들어, AI가 고객의 과거 구매 이력, 검색 패턴 등을 분석하여 개별 맞춤형 마케팅 전략을 제안하고, 초개인화 전략 전문가는 이를 통해 고객의 경험을 극대화할 수 있도록 한다.

사례

미국의 대형 이커머스 기업 아마존(Amazon)은 초개인화 전략 전문가와 함께 AI 추천 시스템을 최적화했다. 예를 들어, Amazon의 AI는 고객의 구매 이력과 선호도 데이터를 기반으로 상품을 추천하며, 초개인화 전략 전문가는 계절별 또는 트렌드에 맞춘 맞춤형 상품을 자동으로 제안하도록 시스템을 조정했다. 이를 통해 아마존은 개인화된 경험을 제공하여 고객 만족도를 높이고 판매율을 크게 향상시켰다.

B. AI 콘텐츠 제작자(AI Content Creator)

AI 콘텐츠 제작자는 AI를 활용해 텍스트, 이미지, 비디오 콘텐츠를 생성하고 이를 마케팅에 적용하는 직무다. 예를 들어, AI가 고객 데이터를 분석하여 특정 소비자 그룹에 맞춘 광고 카피를 작성하면, AI 콘텐츠 제작자는 이를 활용해 다양한 광고 버전을 제작하고 캠페인을 구성한다.

사례

유럽의 패션 브랜드 자라(ZARA)는 AI 콘덴츠 세작자가 주도하여 AI 시스템 Persado를 활용해 고객 맞춤형 광고 카피를 생성했다. Persado AI는 소비자 그룹별로 선호하는 어조와 스타일을 분석하여 특정 패션 아이템을 강조하는 카피를 작성하며, 자라는 이를 바탕으로 다양한 이미지와 동영상을 제작해 소셜 미디어와 온라인 광고에 활용했다. 이러한 맞춤형 캠페인은 브랜드 참여율과 전환율을 높이는 효과를 가져왔다.

이와 같이 AI와 협력하여 다양한 분야에서 새로운 직무들이 탄생하고 있다. 앞서 나눈 내용과 같이, AI는 단순히 데이터 처리를 넘어서 인간의 창의적 사고와 비판적 분석을 지원하는 중요한 파트너로 자리 잡고 있다. 이러한 직무들은 AI와 인간의 협력을 통해 앞으로도 계속 발전할 것이며, 각 분야에서 전문가들이 심도 있는 분석과 결정을 내릴 수 있도록 돕는 역할을 할 것이다.

3.3
AI 기술과 전문성의 민주화

AI 기술의 발전은 '기술의 민주화'와 '전문성의 민주화'라는 새로운 변화의 물결의 현상을 만들어 내고 있다. 이제 더 이상 특정 지식이나 전문성을 가진 소수만이 기술을 활용하는 시대가 아니다. 기술의 민주화는 다양한 사용자들이 AI와 같은 첨단 기술을 손쉽게 사용할 수 있는 환경을 제공하며, 이는 단순히 기술의 보편화를 넘어 사회적 공평과 평등한 기회 제공이라는 중요한 의미를 지닌다.

과거에는 특정 전문 지식이나 훈련을 받은 사람만이 의료, 법률, 금융 등 특정 분야에서 전문성을 발휘할 수 있었다. 그러나 AI는 이러한 전문성의 개념을 변화시키고 있다. 의료 진단 AI가 초기 질병 징후를 분석하거나, 법률 AI가 방대한 판례를 분석해 변호사의 전략 수립을 지원하는 사례들이 대표적이다. 이처럼 기술의 민주화는 다양한 분야에서 인간 전문가와 AI가 협력하여 새로운 방식으로 문제를 해결할 수 있도록 한다.

기술의 민주화가 실현되면서 특히 고도로 전문화된 분야에서 새로운 기회가 열리고 있다. 예를 들어, 의료 분야에서는 AI 기반 진단 도구가 일반 의료진에게도 사용될 수 있게 됨으로써 신속한 진단과 조치가 가능해졌으며, 법률 분야에서는 AI가 방대한 판례와 법적 자료를 분석해 변호사에게 중요한 정보를 제공함으로써 법률 접근성이 한층 높아지고 있다. 금융 분야에서도 AI가 투자 리스크를 분석하고 예측하는 데 기여함으로써 기존의 재정 전문가뿐만 아니라 일반인도 투자 결정을 내릴 때 더욱 신중한 판단을 할 수 있는 환경을 제공하고 있다. 이러한 변화는 AI가 특정 기술을 가진 전문가들의 역할을 재정의하고, 기술의 접근성을 높여 다양한 사람이 전문성을 발휘할 수 있는 여지를 마련한다.

기술의 민주화가 가져오는 변화는 교육의 영역에서도 긍정적인 영향을 미치고 있다. 과거에는 표준화된 교육과정이 모든 학생에게 동일하게 적용되었지만, 이제는 AI를 활용한 맞춤형 교육이 가능해지면서 개별 학생의 학습 스타일과 성향에 맞춘 교육을 제공할 수 있게 되었다.

에듀테크 기업인 뤼이드(Riiid)의 '산타토익' 솔루션은 이러한 변화를 잘 보여 준다. 산타토익은 각 학생의 학습 수준과 패턴을 분석해, 학생이 최적의 학습 환경에서 공부할 수 있도록 지원하며, 학습 성취도를 높이는 데 기여하고 있다. 이러한 맞춤형 교육 시스템은 단순히 기술의 활용을 넘어, 학생들이 자신의 역량을 최대한 발휘할 수 있는 환경을 조성함으로써, 전문성의 개념을 확장하고 있다.

에듀테크 대표적인 AI 서비스 뤼이드의 '산타토익'

기술의 민주화는 사회적 평등을 실현하는 중요한 역할도 담당한다. 기술이 발전함에 따라 특정 계층에만 혜택이 집중되는 것이 아니라, 사회적 약자나 소외계층도 디지털 혜택을 누릴 수 있는 기회를 제공함으로써, 디지털 격차(Digital Divide)를 줄이는 방향으로 나아가고 있다. 이를 위해 일부 국가와 비영리단체들은 고령층과 저소득층을 대상으로 AI 교육과 디지털 리터러시(Digital Literacy) 프로그램을 제공하며, 누구나 기술의 혜택을 누릴 수 있는 환경을 구축하고 있다. 이러한 접근은 단지 경제적 불평등을 줄이는 데 그치지 않고, 다양한 계층의 사람들이 기술을 통해 사회에 보다 능동적으로 참여할 수 있는 기반을 마련한다.

그러나 기술과 전문성의 민주화가 진행되면서 함께 해결해야 할 과제들도 존재한다. AI 기술이 보편화되면서 모든 사용자가 이를 책임감 있게 활용할 수 있도록 디지털 리터러시를 강화할 필요가 있다. AI는 복잡한 데이터를 기반으로 결정을 내리기 때문에 잘못된 사용은 예기치 못한 편향성(Bias) 문제를 유발할 수 있다. 따라서 기술의 민수화를 이끄는 과정에서는 AI의 결정 원리와 윤리적 문제를 이해하고, 이를 올바르게 활용할 수 있는 역량이 필수적으로 요구된다.

또한, 기술의 민주화는 기존 직업 구조에도 영향을 미치며, 일부 직무가 AI에 의해 대체될 가능성도 있다. 이에 대비하기 위해 재교육 프로그램이나 직업 전환을 지원하는 정책이 필요하다. 이러한 '공정한 전환(Just Transition)'이 이루어져야만, AI가 모든 사람에게 공정하고 균등한 기회를 제공하며 긍정적인 방향으로 자리 잡을 수 있을 것이다.

기술과 전문성의 민주화는 사람들이 더 많은 기술에 접근하고 이를 활용할 수 있는 기회를 제공함으로써 새로운 형태의 전문성을 요구하고 있다. AI의 발전과 민주화는 단순히 더 많은 사람이 기술을 사용할 수 있게 하는 것을 넘어서, 사람들에게 보다 공정하고 평등한 사회를 실현할 수 있는 잠재력을 제공하고 있다. AI와 기술의 민주화가 가속화되면서 사람들은 자신의 삶과 직업에서 더욱 주체적으로 기술을 활용하게 될 것이며, 이는 미래의 사회와 경제 구조를 더욱 포용적이고 혁신적으로 만들어 가는 원동력이 될 것이다.

전문성의 변화와 AI의 민주화, 창의성에 미치는 영향

이러한 AI와 기술의 민주화는 전문성과 창의성에 대한 전통적인 개념을 새롭게 재정의하고 있다. 과거에는 특정 지식이나 기술이 소수의 전문가에게만 허용되는 영역이었다면, 이제는 다양한 사람들이 손쉽게 고급 기술을 접하고 활용할 수 있는 환경이 만들어지고 있다는 것이다.

AI의 민주화 "기술 접근성의 확대"

AI의 민주화는 특정 전문가만이 아니라 다양한 사용자들이 AI와 같은 첨단 기술을 접근하고 사용할 수 있게 하는 현상을 의미한다. 이 과정에서 고도로 전문적인 기술들이 일반인에게도 점차 개방됨에 따라, 인공지능을 활용한 문제 해결과 창의적인 시도가 확산되고 있다. 예를 들어, 콘텐츠 제작 분야에서 생성형 AI는 비전문가들도 손쉽게 이미지나 텍스트를 생성할 수 있게 해 주며, 이를 통해 개인과 조직은 창의적 결과물을 도출하는 데 필요한 시간과 자원을 크게 절약할 수 있다.

이와 같은 기술 민주화는 전문성의 개념을 재구성하고 있다. AI가 특정 데이터를 제공하고 기초적인 작업을 대신함으로써, 사용자는 특정한 기술적 전문성을 넘어 창의적인 접근을 할 여유를 갖게 된다. 예를 들어, AI는 과거에 전문가들만 다룰 수 있던 영상 편집, 디자인, 데이터 분석 등의 분야에서도 개인이 쉽게 접근할 수 있도록 지원하며, 이로 인해 사용자는 고급 기술에 대한 배경 지식 없이도 창의적 작업을 수행할 수 있게 되었다. 이러한 변화는 기술적 장벽을 낮춤으로써 창의적인 분야에서 더 많은 사람들이 혁신을 시도할 수 있도록 돕고 있다.

전문성의 재정의 "AI와 협력하여 창출하는 가치"

AI의 민주화로 인해, 전문성은 더 이상 특정 기술적 숙련도에만 의존하지 않게 되었다. 대신, 인간은 AI와 협력하여 창의적이고 복합적인 문제 해결을 도모하는 새로운 형태의 전문성을 발휘할 수 있게 되었다. AI가 데이터를 분석하고 패턴을 도출하는 데 탁월한 성능을 발휘한다면, 인간은 그 데이터를 바탕으로 더욱 깊이 있는 해석과 직관을 적용해 문제를 해결할 수 있다.

의료 분야에서 AI는 방대한 양의 데이터를 학습하여 진단 결과를 예측할 수 있지만, 이를 실제 환자에게 적용하고 최종적인 치료 방안을 결정하는 것은 인간 의료진의 몫이다. 이와 같은 협력은 기술적 분석과 인간적 통찰을 결합하여 더욱 정교하고 신뢰성 높은 결과를 창출하게 한다. 이러한 협력적 전문성은 AI가 모든 문제를 해결하지 못하는 환경에서 특히 가치가 크며, 인간의 판단력과 윤리적 감각이 필요한 영역에서 두드러진다.

창의성에 미치는 영향 "AI와의 상호작용을 통한 혁신"

AI가 분석을 통해 제공하는 데이터와 예측은 인간의 창의성에도 중요한 영향을 미치고 있다. 과거에는 창의적인 작업이 개인의 경험과 직관에 주로 의존했지만, AI는 다양한 아이디어의 시발점을 제공하고 새로운 가능성을 열어 주는 도구로 작용하고 있다. 예를 들어, 예술가나 디자이너는 AI가 생성한 다양한 이미지와 패턴을 보고 새로운 작품의 영감을 얻거나, 기존에 없던 스타일을 탐색할 수 있다. AI는 무수한 데이터와 패턴을 바탕으로 빠르게 시각적 결과물을 제안할 수 있어, 창작자가 이를 기초로 새로운 시도를 할 수 있는 기반을 제공한다.

비즈니스에서도 AI의 창의성 지원은 전략 수립과 제품 개발에서 많은 변화를 가져오고 있다. 예를 들어, 마케팅 분야에서는 AI가 고객 데이터를 분석해 맞춤형 광고 캠페인을 설계하는데, 이 과정에서 AI는 고객이 원하는 색상, 텍스트 톤, 시각적 스타일을 예측해 제안함으로써 마케터의 창의적인 시도를 보완한다. 이러한 AI의 지원은 창의적 직무에서 새로운 아이디어를 현실화하는 데 큰 도움이 되며, 인간의 독창적 사고를 더욱 강화하는 역할을 한다.

AI와 기술의 민주화가 가져오는 전문성과 창의성의 변화는 미래 직무와 인간의 역할을 재정립하고 있으며, 이는 단순한 기술적 역량을 넘어서, AI와 협력하며 새로운 가능성을 탐구할 수 있는 인간의 독창성과 통찰력이 앞으로 더욱 중요한 자산이 될 것이다.

그럼 AI로 인한 전문성의 변화에 따른 AI 시대의 생존 전략은 무엇일까?

3.4
AI 시대의 생존 전략: 학습과 재교육의 중요성

AI의 발전이 가속화되며 직업 환경과 기술 활용의 방식이 빠르게 변화하고 있다. 이전 목차에서 다룬 것처럼 AI는 단순 반복적인 직무뿐만 아니라, 고급 인지 능력이 요구되던 직무마저 재정의하고 있다. 이러한 변화는 단순히 새로운 기술을 배우는 문제를 넘어, 우리의 직업적 정체성과 삶의 방식 자체를 변화시키고 있다.

그렇다면 AI 시대에 살아남기 위해 우리는 무엇을 준비해야 할까? 답은 바로 끊임없는 학습과 재교육이다.

AI 시대, 왜 학습과 재교육이 중요한가?

AI는 특정 산업이나 직무에 국한되지 않고 사회 전반에 걸쳐 영향을 미치고 있다. 제조업, 의료, 법률, 교육, 예술 등 고도의 전문성이 요구되던 분야에서도 AI가 적극적으로 활용되고 있다. 하지만 기술 발전의 속도는 인간의 적응 속도를 압도하고 있으며, 이는 새로운 기술에 대한 학습 필요성을 부각시킨다.

사례 1: 의료 진단 AI

의료 분야에서는 AI 기반 진단 도구가 기존 의사들의 업무를 보완하며 혁신을 이루고 있다. 예컨대, IBM Watson Health는 의료진이 데이터를 기반으로 보다 정확한 진단과 치료 계획을 세울 수 있도록 돕는다. 하지만 이 기술을 효과적으로 활용하기 위해서는 의료진도 AI 도구의 작동 원리와 데이터 해석 방법에 대한 교육과 학습이 필수적이다.

사례 2: 콘텐츠 생성 AI

예술과 미디어에서는 생성형 AI가 비전문가들도 고급 콘텐츠를 제작할 수 있도록 지원하고 있다. MidJourney와 같은 도구는 디자이너가 AI를 활용하여 새로운 스타일의 작품을 창작하도록 돕지만, 이를 효과적으로 활용하려면 AI가 생성한 이미지의 맥락과 의미를 해석할 수 있는 능력이 필요하다.

이처럼 AI는 일자리를 창출하는 동시에 많은 직무를 대체하는 방식으로 진화하고 있다. 단순한 반복 업무부터 고도의 지적 작업까지 AI가 수행할 수 있는 업무 범위가 넓어지면서 반면에 일부 직업과 일자리는 사라질 가능성이 높아졌음을 의미하는 것이기도 하다.

맥킨지 글로벌 연구소에 따르면, 2030년까지 전체 일자리의 약 14%가 AI로 인해 대체될 가능성이 있으며, 또한, 현재 근무 시간의 최대 30%가 자동화될 수 있으며, 이는 수백만 명의 노동자가 새로운 직업군으로 이동해야 한다는 것을 의미한다.

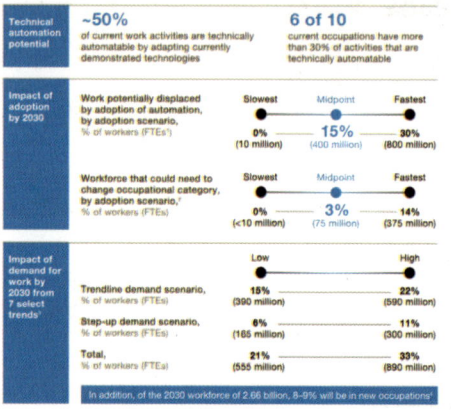

Automation will have a far-reaching impact on the global workforce
(출처: MCKinsey Global Institute Analysis)

AI와 협력하는 능력의 중요성

　AI 시대에서 인간과 AI의 협력은 단순히 기술적 혁신을 넘어, 인간 중심의 가치와 사회적 영향을 고려해야 하는 복잡한 과제가 되었다. 이를 이해하기 위해, 그리스 로마 신화 속에 등장하는 켄타우로스(Centaurus)와 케이론(Chiron)의 이야기는 매우 유용한 비유를 제공할 수 있다고 생각한다. 켄타우로스는 상반신은 인간, 하반신은 말의 모습을 가진 존재로, 인간과 AI의 결합과 협업 모델을 상징적으로 보여 주는 비유다. 이를 통해 우리는 AI와 협력의 방향성을 탐구하고, 올바른 전략과 활용 방안을 생각해 볼 수 있다.

　그리스 로마 신화에 등장하는 켄타우로스 중 일부는 거칠고 통제할 수 없는 존재로 묘사된다. 이는 치안 유지나 군사 목적으로 AI를 사용하는 경우, 기술의 오남용과 통제 불능의 위험성에 대한 경각심을 함께 고민해 보아야 한다는 것이다.

켄타우로스(좌) / 케이론(우) (출처: 위키백과)

예를 들어, 전쟁에서 사용되는 자율 무기 시스템이 인간의 통제를 벗어나 무분별한 파괴를 초래할 가능성은 현대 사회의 중요한 논쟁거리 중 하나이다. AI가 인간의 윤리적 판단 없이 단독으로 의사결정을 내리는 상황은 치명적일 수 있다. 이처럼 인공지능을 통제하는 인간의 역할과 책임이 얼마나 중요한지를 우리는 동시에 생각해 보아야 한다.

반면, 켄타우로스 케이론은 인간을 돕고 가르치는 현명한 존재로, 인간과 AI가 협력하여 긍정적인 결과를 도출할 수 있는 이상적인 모델을 상징하는 것으로 이해할 수 있을 것이다.

사례 1: AI 외골격 로봇

AI 기반 외골격 로봇은 신체장애가 있는 사람들에게 근력을 보완해 주고, 산업 현장에서 작업자의 신체적 부담을 줄이는 데 활용되고 있다. 영국 런던 마라톤에서 하반신 마비를 겪는 여성이 AI 기술을 활용한 외골격 로봇으로 17일 만에 마라톤을 완주한 사례는 AI와 인간의 협업이 얼마나 멋진 결과를 만들어 낼 수 있는지를 보여 준다.

사례 2: 산업용 협업 로봇

포드(Ford)와 LG전자 등이 개발한 산업용 로봇 조끼는 근력을 증강시키고 작업자의 피로를 줄여 주며, AI가 인간의 약점을 보완할 수 있음을 입증했다. 이 같은 협업 모델은 AI와 인간이 각자의 강점을 극대화하여 시너지를 창출할 수 있는 가능성을 시사한다.

또한, 인간 중심의 AI 활용 전략으로 "켄타우로스 체스(Centaur Chess)"의 교훈을 통해 그 방향성을 제시해 볼 수도 있을 것 같다.

켄타우로스 체스(Centaur Chess)의 교훈

켄타우로스 체스는 변형 체스의 기물 중 하나로, 킹의 행마와 나이트의 행마가 합쳐진 행마를 하는 형식의 체스로 센토 또는 제너럴 이라고 부르기도 한다. 이러한 켄타우로스 체스 방식과 같은 AI 활용 전략은 인간과 AI가 팀을 이루어 체스를 두는 방식으로, AI와 인간이 협력할 때 각각 단독으로 무언가를 수행하는 것보다 훨씬 뛰어난 성과를 낼 수 있음을 입증하는 대표적인 사례이다. 이는 AI가 단독으로 활동하는 것이 아니라, 인간과 협력하여 문제를 해결할 때 가장 큰 효과를 발휘할 수 있음을 보여 준다는 것이다.

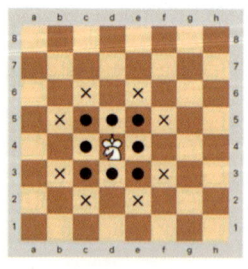

켄타우로스 체스

이처럼 AI를 효과적으로 활용하기 위해서는 문제를 명확하게 정의하고, 협업의 목적을 분명히 설정해야 한다. 하버드 경영대학원에서 제시한 "AI를 단순히 도입하는 것이 성공을 보장하지는 않는다."라는 메시지가 시사하듯이, 일방적이고 무분별한 AI 활용이 아니라 협력적 관계로서의 AI 활용을 위해서는 명확한 방향과 가치 설정이 필수적이다. 이를 통해 AI와 사람이 협력적 관계로서 함께 시너지를 창출할 수 있으며, 궁극적으로는 보다 효과적인 성과와 지속 가능한 혁신을 달성할 수 있게 된다.

Harvard Business Review
Spotlight Series / What's Your Gen AI Strategy?
[5]
Management

The journey is far from over when an AI product has been adopted. Ensuring its ongoing success requires a diligent, proactive management strategy to sustain and enhance results. A basic requirement is to provide engineering support—to fix bugs, for instance—and to monitor the product for changes in performance. The most common cause of a drop in performance is that the training data has become outdated. Consider, for example, a company that has developed an AI to predict customer purchasing behavior. If customers' preferences or market conditions shift over time, the model's predictions will be less accurate. It's important to regularly retrain models on fresh data, but because that can be expensive, many companies have opted to build mechanisms that monitor and alert managers to significant changes in the model's performance that might indicate a need for retraining.

What's Your Gen AI Strategy? (출처: Harvard Business Review)

창의적 분야에서는 AI의 활용이 성과를 40% 높인 반면, 비즈니스 문제 해결에서는 23% 감소했다는 연구 결과는 AI의 무분별한 도입이 오히려 부작용을 초래할 수 있음을 경고하고 있다.

아마존고(Amazon Go)의 실패 사례를 통해 기술 구현에만 집중하다

보니 고객이 실제로 원하는 가치를 놓치게 된 결과를 초래했다는 것을 깨달을 수 있다. 이는 AI 도입 시 인간의 필요와 비즈니스 목표를 중심에 둬야 한다는 교훈을 제공한다.

결국, AI 시대에서 인간과 AI의 결합을 통해 성공적으로 이끄는 핵심은 즉 협업 지능이며, 협업 지능을 CQ(Collaborative Intelligence)로 표현한다. 이는 인간과 AI가 각각의 강점을 극대화하며 상호 보완적으로 작동하도록 설계된 협업 모델이다.

AI가 잘하는 일: 데이터 분석, 패턴 학습, 예측.
인간이 잘하는 일: 윤리적 판단, 감정적 공감, 창의적 문제 해결.

이 두 가지를 조화롭게 결합하면, 단순한 효율성을 넘어선 혁신적인 결과를 도출할 수 있다.

대표적인 사례로 많이 다루어지는 것이 바로 의료 현장에서의 AI이다. 의료 현장에서의 AI는 진단 정확도를 높이는 데 기여하지만, 환자의 정서적 지원과 최종적인 치료 결정은 인간 의사의 몫이다. 이는 AI가 인간의 약점을 보완하는 동시에, 인간 고유의 강점이 여전히 필요함을 잘 보여 주는 것이라고 볼 수 있다.
이처럼 켄타우로스와 같은 AI 시대가 도래한 지금, 우리는 다음과 같은 질문에 고민해 보아야 할 것이다.

1. AI의 목표는 단순한 기술 확장이 아닌, 인간 중심의 가치를 창출하는 것인가?
2. AI와 인간의 협력이 사회에 긍정적인 영향을 미칠 수 있는가?
3. 문제 정의와 목표 설정이 명확히 이루어졌는가?

그리스 로마 시대의 켄타우로스와 케이론의 이야기는 인간과 AI의 협력이 어떠한 방향으로 나아가야 할지를 상징적으로 보여 준다. 사나운 켄타우로스처럼 통제되지 않은 AI는 위험을 초래할 수 있지만, 현명한 케이론처럼 인간의 약점을 보완하며 긍정적인 결과를 도출할 수 있다. 이와 같이 AI와 협력하는 능력은 단순히 기술적 역량이 아니라, 인간 중심의 문제 정의와 윤리적 판단, 그리고 창의적 사고를 요구한다.

AI 시대의 협업 모델은 단순히 기술의 진보가 아니라, 인간과 AI가 함께 만들어 가는 지속 가능한 미래를 위한 핵심 전략이다. 이는 우리 모두가 케이론처럼 현명하고 윤리적인 결합을 통해 AI와의 공존을 이뤄 낼 수 있는 시대를 만들어 가야 한다는 점을 생각해야 한다.

학습과 재교육: AI 시대의 필수 전략

AI 시대의 도래는 인간의 학습 방식을 근본적으로 바꾸고 있다. 더 이상 학습은 정해진 교과 과정을 마치고 끝나는 일이 아니다. AI가 일상에 깊숙이 스며들면서, 학습은 지속적이고 유연해야 하며, AI와 협력하는 데 초점이 맞춰져야 한다. 그렇다면, AI 시대에 요구되는 학습과 재교육은 어떻게 달라져야 할까?

배우는 방식의 변화

우리는 흔히 학습을 학교에서 끝나는 일로 여긴다. 그러나 AI 시대에서는 학습이 새로운 의미를 가진다. 학습은 AI와 함께 문제를 해결하는 방법을 익히는 과정이자, AI가 제공하는 정보를 비판적으로 검토하고 활용하는 능력을 기르는 여정이다.

AI 튜터 'Riiid' (출처: Riiid 홈페이지)

이처럼 인간적인 접점이 가지는 중요성이 재차 부각되면서, AI 발전 속에서 이를 제대로 이해하고 활용하기 위한 'AI 리터러시(AI Literacy)'의 가치 또한 크게 주목받고 있다. 이는 교사와 학생 모두 AI에 대한 이해와 활용 능력을 높이는 것이 필수적이라는 사실을 보여 주며, AI 기술의 미래를 더욱 긍정적이고 협력적인 방향으로 이끌어 가는 핵심 과제로 자리매김하고 있다.

예를 들어, 교육 현장에서의 에듀테크(Edu Tech) AI 서비스의 발전은 학생 한 명 한 명에게 개인 맞춤형 학습 환경을 제공하고 있다. 뤼이드(Riiid)의 맞춤형 학습 솔루션은 학생의 학습 데이터를 분석해 개인화된 학습 경로를 설계하고 있으나, 실제로 학생의 동기를 유발하고 학습의 어려움을 극복하도록 돕는 것은 여전히 교사의 몫이다. 아무리 기술이 발전해도, 인간적인 접점은 대체되기 어려운 까닭이다.

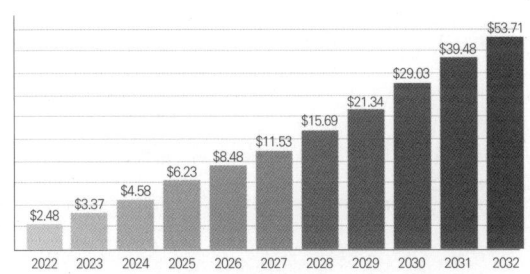

AI In Education Market Size, 2023 to 2032 (USD Billion)
(출처: Vison Research Reports)

AI 리터러시의 중요성

AI 시대를 살아가기 위해서는 새로운 형태의 문해력, 즉 AI 리터러시(AI Literacy)가 필수적이다. AI 리터러시는 단순히 AI를 사용하는 기술을 배우는 것을 넘어서, AI의 작동 원리를 이해하고 이를 비판적으로 활용하는 능력을 포함하는 것을 의미한다.

AI 리터러시는 우리의 일상과 직업에서 점점 더 중요한 역할을 하고 있다. 이를테면, 프롬프트 엔지니어는 AI의 성능을 극대화할 수 있는 명령어를 설계하는 직업이다. 이들은 단순히 AI를 사용하는 것이 아니라, AI와 소통하며 원하는 결과를 도출하는 데 핵심적인 역할을 한다. 하지만 AI 리터러시는 특정 직업군에만 국한되지 않는다. 우리가 AI를 활용할 때, 그것이 제공하는 정보가 윤리적으로 타당한지, 사회적 맥락에서 적합한지 평가할 수 있는 능력이 모두에게 필요하다.

AI 리터러시를 갖춘 사람은 단순히 기술의 소비자가 아니라, 기술의 능동적 사용자로서 AI를 자신의 삶과 직업에서 가치 있게 활용할 수 있다. 이는 새로운 기회를 발견하고, 변화하는 환경에서 주도권을 유지하는 데 결정적인 역할을 한다.

이처럼 AI 시대의 능력을 갖추기 위한 학습은 단발적인 과정이 아니다. 평생 학습이라는 개념은 이제 선택이 아닌 필수가 되었다. 새로운 기술이 등장하고, 기존의 기술이 빠르게 대체되는 상황에서, 학습은 끊임없이 적응하고 진화해야 한다는 것을 의미한다.

예를 들어, 독일은 평생 학습의 필요성을 인식하고 노동자들에게 학습 휴가 제도를 도입했다. 이 제도는 근로자들이 재교육을 받을 동안 경제적 부담을 덜어 주며, 새로운 기술 환경에 적응할 시간을 제공한다. 이는 AI 시대의 학습이 개인의 노력만으로는 충분하지 않음을 보여 주며, 정부와 기업의 지원이 뒷받침될 때, 개인은 학습의 기회를 더욱 적극적으로 활용할 수 있는 시대로의 변화가 일어나고 있다.

새로운 기술의 발전, 즉 지금과 같은 AI 발전이 새로운 기회를 제공하는 만큼, 불평등을 확대할 위험도 함께 존재한다. 이러한 디지털 격차는 이미 중요한 사회적 문제로 자리 잡고 있다. 고령층, 저소득층, 그리고 소외계층은 AI와 같은 첨단 기술에 접근할 기회가 적다. 이는 AI 기술이 그들에게 이익보다는 부담이 될 가능성을 높인다. 따라서 사회의 디지털 소외계층이 AI를 이해하고 활용할 수 있는 기회를 제공하기 위해 정부와 기업 그리고 사회적 노력이 필요한 시점이며, 사회 구성원 모두가 AI의 혜택을 더욱 폭넓게 배우고 수용할 수 있는 환경이 조성되어야 한다.

이처럼, AI 리터러시와 같이 AI 시대의 재교육은 변화하는 환경에 유연하게 적응하고 지속적으로 성장하는 능력을 기르는 과정으로, 이를 통해 개인의 경쟁력을 높이고, AI 시대에도 인간 고유의 가치를 보존하고 강화하는 중요한 역할을 할 수 있다.

특히, 기술의 발전과 함께 인간 고유의 창의적 문제 해결 능력, 윤리적 판단, 그리고 감정적 공감 등의 역량을 함께 발전시키는 것이 필요하며, 이는 AI가 주도하는 사회 변화에 단순히 수동적으로 대응하기보다는 능동적으로 대처하고, 사회적으로 유의미한 변화를 주도할 수 있는 기반이 된다. 결국, AI 시대의 재교육은 개인적 차원을 넘어 경제적, 사회적 차원에서도 중요한 과제로 인간 고유의 능력을 지속적으로 개발하고, AI와 조화롭게 공존하는 미래를 만들어 나가야 할 것이다.

결과적으로 AI 시대에서 학습과 재교육은 단순히 직업적 생존을 위한 방편이 아니라, 인간의 역량을 확장하고 성장시키는 기회다. 학습을 통해 AI와 협력할 수 있는 능력을 갖추고, 재교육을 통해 변화하는 환경에 적응함으로써 우리는 AI 시대의 도전에 대응할 뿐 아니라, 새로운 가치를 창출할 수 있다는 것이다.

4장

AI와 초개인화의 시대:
맞춤형 미래를 설계하다

이 장은 AI가 개인 맞춤형 서비스를 어떻게 혁신하고 있는지에 대한 다양한 사례를 통해 살펴보며, 동시에 데이터 프라이버시와 윤리적 딜레마를 함께 살펴보고자 한다.

이와 함께 AI를 통한 초개인화의 정의와 중요성에서 AI가 개인별 요구와 환경을 실시간으로 파악해 맞춤형 경험을 제공하는 현재의 트렌드 소개와 의료·제조·교육·로봇·엔터테인먼트 등 다양한 분야로 확산되어 산업 경계를 재편하고 있는 초개인화의 발전에 따른 윤리적 상황 등을 함께 나누고자 한다.

4.1
초개인화의 정의와 중요성

인류는 지금까지 여러 차례 중요한 기술 혁명을 경험해 왔다. 산업 혁명은 증기 기관을 통해 대량 생산의 시대를 열었으며, 이로 인해 사회 전반의 생산성과 경제 구조가 크게 변화해 왔다. 이후 시대의 변화는 정보 혁신인 인터넷과 스마트폰의 보급 그리고 디지털 기술의 발달이다. 이는 우리의 삶을 근본적으로 변화시켰으며, 전 세계를 연결하고 정보의 흐름을 극적으로 가속화하는 계기를 맞이하게 되었다.

AI Content Personalization

이러한 혁신들은 단순히 기술적인 변화에 그치지 않고, 인간의 생활 방식과 사회 구조 전반을 재편하는 역할을 해 왔다. 이제 우리는 인공지능(AI)이 이끄는 또 하나의 패러다임 전환을 지금 목도하고 있는 중이다. AI는 단순한 기술 발전을 넘어 인간의 삶, 산업 구조, 그리고 사회적 관계를 근본적으로 재편할 잠재력을 가진 강력한 힘으로 자리매김하고 있다. AI는 기계 학습, 자연어 처리, 컴퓨터 비전 등 다양한 기술적 혁신을 바탕으로 우리의 일상생활에 깊숙이 스며들고 있으며, 이를 통해 산업 전반의 효율성을 높이고, 개인화된 경험을 제공하며, 인간의 능력을 보완하고 확장시키는 새로운 시대를 열고 있다. 이러한 변화는 비단 기술적인 측면에서만 국한되지 않으며, 정치, 경제, 문화 등 다양한 영역에서의 영향력을 미치고 있다. AI의 발전은 기존 산업의 경계를 허물고, 새로운 산업 생태계를 구축하며, 인간의 역할과 책임에 대한 새로운 논의를 촉발하고 있다.

AI의 발전은 새로운 기회를 창출함과 동시에 우리에게 근본적인 질문을 제기한다.

> "만약 기계가 인간을 능가하는 지적 능력을 갖춘다면,
> 인간의 역할은 무엇으로 정의될 수 있을까?"

우리는 이러한 질문에 대하여 인간의 창의성과 직관, 감정과 윤리적 판단이 여전히 중요한 가치를 지니고 있는지를 고민해야 한다.

AI와 인간은 서로 경쟁해야 하는 존재일까, 아니면 협력적 동반자로서 상호 보완할 수 있을까? 이러한 질문들은 단순한 이론적 논의를 넘어 실질적인 사회적, 경제적 변화와 맞물려 있다. AI가 인간의 일자리를 대체하거나 새로운 직업을 창출하는 방식, 그리고 인간과 AI 간의

협력적 관계가 어떻게 발전할 것인지는 매우 중요한 문제이다. 따라서, 우리는 AI가 우리의 일상에 어떻게 통합되고, 우리가 그 변화를 어떻게 수용하고 적응할지에 대한 중요한 시사점을 진지하게 고려해야 하고, 이러한 과정에서 인간의 역할은 AI와의 상호작용을 통해 더욱 창의적이고, 전략적인 방향으로 재정립될 필요가 있다. 이는 교육, 직업 훈련, 사회적 가치 체계의 변화 등을 포함한 광범위한 재고와 준비 그리고 사회적 비용을 요구하게 될 것이라고 본다.

여러 가지 변화 중 AI 발전으로 가져오는 가장 혁신적인 변화 중 하나는 'AI와 초개인화(AI Personalization)'일 것이다.

이러한 초개인화는 데이터 분석과 머신러닝을 기반으로 사용자의 행동을 예측하고, 맞춤형 추천을 제공하며, 실시간 피드백을 통해 고객 경험을 한층 개선하는 방식으로, 개인의 요구와 선호에 최적화된 맞춤형 서비스를 제공할 수 있게 변화되어 개인의 삶의 질을 크게 향상시키는 방식으로 진화하고 있다. 물론 초개인화를 통한 윤리적, 제도적인 부분과 같은 논의의 대상과 문제도 있지만, 이번 장에서는 AI와 초개인화 혁신의 실제 사례를 통해 가치 창출 관점에서의 내용을 나누어 보고자 한다.

4.2
AI가 만드는 맞춤형의 삶
(의료, 제조, 교육, 로봇, 엔터테인먼트)

진정한 개인 맞춤형 헬스케어: 스위스 누시사

먼저, 의료 및 헬스케어 분야에서의 초개인화 사례를 보자. 앞에서도 짧게 이야기한 스위스의 누시사가 그 대표적인 사례이다. 스위스 누시사의 AI 기반 신발은 파킨슨병 환자 개개인의 신체 활동 및 걸음걸이 등의 데이터와 학습을 통해 환자 개개인의 걸음걸이를 안정적으로 유지할 수 있도록 개발되었다. 이 신발에는 센서가 부착되어 사용자의 걸음 속도와 균형을 실시간으로 분석하며, 이를 기반으로 적절한 걸음 타이밍을 진동 신호로 전달한다. 이러한 기술은 단순히 환자의 이동성을 향상시키는 데 그치지 않고, 일상의 자유와 독립성을 되찾아 주는 데 기여하고 있다. 이처럼 AI는 개인화된 데이터를 활용해 기존에 해결하기 어려웠던 문제를 풀고, 새로운 삶의 가능성을 열어 가고 있다.

이 외에도 AI를 통한 환자의 유전자 정보, 생활 습관, 병력, 투약 정보, 진단검사 정보 등을 바탕으로 맞춤형 치료법을 제안하고, 환자 개개인에 최적화된 의료 서비스를 제공하려는 연구 노력도 활발하게 이루어지고 있다.

소비 분야의 혁신: 스티치 픽스(Stitch Fix)

또한, 초개인의 소비자 경험을 혁신하는 사례로 미국의 스티치 픽스(Stitch Fix)를 볼 수 있다.

Stitch Fix 로고 (출처: Stitch Fix)

이 회사는 사용자의 스타일, 신체 특성, 예산 등을 기반으로 맞춤형 의류를 추천하고 배송하는 서비스를 제공한다. 해당 서비스는 AI 알고리즘이 사용자 데이터를 분석해 선호하는 스타일의 옷을 사전에 예측하고, 이를 사진과 함께 추천·제공한다. 이 과정을 통해 소비자는 자신에게 적합한 제품을 손쉽게 선택할 수 있으며, 시간이 지남에 따라 AI는 추가적인 학습과 개인의 트렌드를 정교하게 분석하여, 더 정교한 개인 맞춤형 서비스를 제공하게 된다.

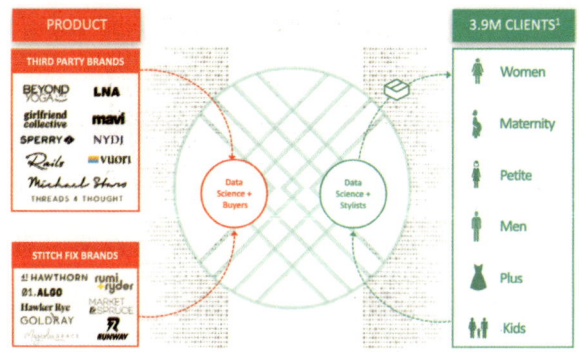

Stitch Fix Personalization Model (출처: Stitch Fix)

실제로 이 서비스를 이용한 소비자의 80%가 최소 한 가지 제품을 구매했으며, 이는 초개인화 기술이 소비자와 기업 모두에게 긍정적인 효과를 가져다줄 수 있음을 보여 주는 대표적인 사례이다.

제조업의 초개인화: 스마텍스 코어

제조업에서도 초개인화의 사례를 엿볼 수 있다. 대표적으로 포르투갈의 스마텍스 코어(Smartex Core)는 원형 편집기와 자외선 센서, 카메라를 사용하여 실시간으로 결함을 감지하는 시스템을 개발하여, 기존에 사람이 육안으로 결함을 찾아냈던 과정을 자동화함으로써, 생산 시간과 탄소 배출을 크게 줄일 수 있게 된 대표적인 사례다. 이는 AI 기술의 도입으로 효율성을 극대화하고, 제조 공정의 품질을 향상시키는 데 기여하고 있다. 제조업에서의 이러한 초개인화 접근은 'AI 휴머노이드 로봇'이라는 로봇 시장으로까지 확대되고 있다.

Smartex Core (출처: Smartex)

AI가 이끄는 로봇의 혁신: BMW 'Figure', Tesla 'Optimus'

기존의 로봇은 소프트웨어(Software)와 로보틱스(Robotics)가 결합한 형식의 로봇이었다면, 휴머노이드 로봇(Humanoid Robot)은 기존의 로봇의 개념에 생성형 AI가 결합된 것이다. 사전 프로그래밍된 기준으로 작동되는 방식과 다르게, 생성형 AI 기반의 휴머노이드 로봇은 머신러닝 알고리즘 사용으로 변화하는 환경 속에서 실시간으로 결정, 적용하고 반응할 수 있는 형식의 로봇이다. 이러한 휴머노이드 로봇은 기존에 상상하지 못했던 발전으로 인간과 자연스럽게 대화하고 여러 가지 산업(자동차, 의료, 물류, 건설 등) 현장에서 상호작용할 수 있는 형태로 진화하고 있다.

BMW 'Figure', Tesla 'Optimus' (출처: BMW, Tesla)

대표적으로 BMW에서 근무하고 있는 'Figure'와 Tesla에서 자체 개발한 'Optimus' 로봇이 그것이다. Figure는 크고 복잡한 모양의 물건을 잡아서 다른 물건에 부딪히지 않고 움직이는 법을 학습하고 이를 토대로 생산 공정에서 일부 공정의 업무를 수행하는 일을 담당하고 있다. 아직은 발전 초기 단계이지만, AI 발전과 함께 양질의 학습 데이터를 통해, 로봇의 행동 모델 발전과 함께 휴머노이드 로봇의 기술 발전 속도 또한 빨라질 것으로 기대된다.

이러한 생성형 AI 기반으로 한 생산 구조의 변화는 생산 과정의 불량률을 감소시키고, 제품의 신뢰도를 높이는 데 중요한 역할을 하게 될 것이며, 이는 제조 업체가 더욱 엄격한 품질 기준을 유지하면서도 비용 절감을 실현할 수 있게 되어, 글로벌 시장에서의 경쟁력을 강화하게 되는 중요한 전략적 요소가 될 것으로 판단된다.

교육의 초개인화: 맞춤형 학습과 교육의 평준화

교육 분야에서도 초개인화된 학습이 교육의 본질을 변화시키고 있다. 2022년 11월 OpenAI의 ChatGPT 서비스가 등장한 이후, 한 가지 분명한 추세가 나타났다. 학생들의 방학 시즌이 시작되면, ChatGPT의 트래픽이 급감한다는 사실이다. 이 결과로 알 수 있는 것은 학생들이 트래픽의 주 소비층이라는 의미이며, 주요한 고객이라는 점이다. 물론 종이로 된 책을 접하는 학생들이 보이지 않는 현상 등 안타까운 면이 있기는 하나, 생성형 AI가 교육을 민주화하고 초개인화함으로써, 교육의 질을 개선할 수 있다는 긍정적인 면이 있다고 볼 수 있을 것이다.

또한, 유레카 랩스와 같은 기업은 'STEAM(Science Technology Engineering Arts Mathematics)'이라는 AI 기반 개인 맞춤형 교육을 위한 도구 개발을 통해, 학생 개개인의 학습 속도, 이해도, 난이도 그리고 학습 패턴을 분석하여 개인화된 학습 경로를 설계하고 제공하고 있다.

이러한 맞춤형 접근은 일률적인 교육 방식의 한계를 극복하며, 학생 개개인의 학습 효율을 극대화하는 데 기여하고 있다. 특히, 각 학생의 학습 스타일에 따라 최적의 학습 전략을 제공함으로써, 학생들이 자기 주도적으로 학습에 참여할 수 있는 환경을 조성할 수 있으며, 이는 교육의 질적 향상을 넘어, 학습 경험의 개인화라는 새로운 교육 패러다임을 형성하고 있다.

Eureka Labs 로고 (출처: Eureka Labs)

예를 들어, AI가 학생들의 학습 이력을 분석하여 부족한 부분을 보완할 수 있는 추가 학습 자료를 제공하거나, 보다 도전적인 과제를 제시함으로써 학습자의 성장을 지원하고, 또한 AI 기반 학습 플랫폼은 교사에게도 학생 개개인의 학습 상황을 보다 명확하게 파악할 수 있는 도구를 제공하여, 교사가 학생들에게 개별화된 피드백을 제공하고 맞춤형 지원을 할 수 있도록 도울 수 있게 된다. 이는 교육의 효과성을 높이고, 학생들이 자신의 잠재력을 최대한 발휘할 수 있는 환경을 조성하는 중요한 역할을 하게 될 것으로 보인다.

이와 같이 AI기술의 발전으로 인한 교육의 초개인화는 전 세계인의 언어의 장벽을 넘어서고 그로 인한 다양한 지식과 정보의 접근이 가능해질 것이며, 이는 지식의 격차를 줄이고 모든 사람에게 동등한 교육의 기회를 제공하는 계기가 될 것이다. 물론, 교육의 획일화라는 문제와 문화적 다양성 감소, 창의성 저하라고 하는 부정적인 영향도 있을 수 있지만, 반면 지식의 평준화, 교육의 평준화 등의 긍정적인 효과로 오랜 기간 동안의 많은 교육의 난제들을 해결하는 데 있어 중요한 역할을 하게 될 것으로 보인다.

엔터테인먼트 산업의 초개인화

　엔터테인먼트 산업에서도 AI를 통한 초개인화의 변화는 기존의 엔터테인먼트 생태계를 흔들 만큼의 혁신이 진행되고 있다. 기존의 음악 스트리밍 서비스나 비디오 콘텐츠 플랫폼은 AI 기반으로 모델을 개발하여, 사용자의 시청 및 청취 기록을 바탕으로 개인의 선호를 예측하고, 이에 맞춘 콘텐츠를 추천하는 서비스로 진화하고 있다.

　예를 들어, 넷플릭스(Netflix)는 사용자의 시청 기록을 분석하여 개인별로 맞춤형 콘텐츠를 추천함으로써 사용자가 자신에게 최적화된 새로운 콘텐츠를 손쉽게 발견할 수 있도록 제안하고, 이로써 사용자 경험을 극대화하는 효과로 서비스의 유지율을 높일 수 있다. 결과적으로, Netflix 시청자의 20%만 검색을 통해 콘텐츠를 시청하고, 나머지 80%는 AI 기반 추천 시스템을 통해 콘텐츠 시청의 트래픽을 만들어 유도하고 있다. 이를 통해 Netflix는 고객 경험과 참여를 향상시키고, OTT 시장 경쟁에서의 서비스 이탈율을 감소시키고 있다.

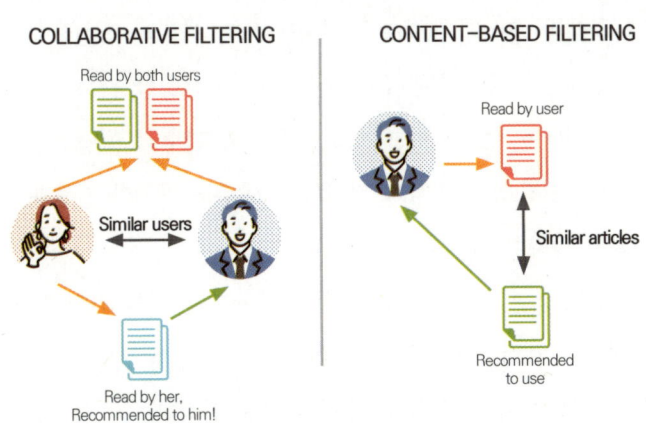

Netflix 협업 및 내용 기반 필터링 알고리즘

서비스 제공자 역시 이러한 AI 기반 추천을 통해 사용자의 참여도를 높이고, 지속적인 상호작용을 가능하게 함으로써 서비스의 질을 향상시킬 수 있다. 결과적으로 AI 기반의 초개인화 서비스는 사용자 만족도를 높이고, 고객 충성도를 증대시키는 중요한 도구로서 자리매김하고 있는 것이다. 더 나아가, 이러한 AI로 인한 초개인화된 접근은 콘텐츠 제작자에게도 중요한 정보를 제공하여, 어떤 유형의 콘텐츠가 특정 사용자 그룹에게 더 잘 맞는지 파악하고, 이를 반영하여 보다 효과적인 콘텐츠 전략을 수립할 수 있도록 지원하는 추세이다.

AI는 창의적인 작업, 문제 해결, 데이터 분석 등 다양한 분야에서 인간과 협력하며 그 능력을 극대화하고 있다. 예술 분야에서는 AI와 인간이 협력하여 새로운 예술 작품을 창작하거나, 디자인 분야에서는 AI가 빠르게 여러 디자인 초안을 생성하고 인간 디자이너가 이를 기반으로 최적의 결과물을 만들어 내는 방식으로 협력하고 있다.

위 여러 가지 사례와 같이 이러한 변화는 단순한 기술적 진보가 아닌, 인간의 생활 방식과 기대치를 재정의하는 사회적 혁신으로 정의할 수 있을 것이다. AI는 이제 우리의 동료이자 진정한 파트너로 자리매김하고 있다고 볼 수 있다. 과거의 도구처럼 단순히 명령을 수행하는 것이 아니라, 인간의 창의성과 결합하여 새로운 가치를 창출하는 주체로 발전하고 있다는 의미이다.

이러한 협력적 관계는 단순히 생산성을 높이는 것을 넘어, 인간의 창의력을 새로운 차원으로 확장시킬 수 있는 가능성을 열어 주는 것이다. 따라서 우리는 AI를 단순히 두려운 존재로 인식하는 것을 넘어, 인간과 AI가 공동으로 미래를 설계할 수 있는 마인드셋과 접근 방식을 갖추어야 한다.

　AI 기술에 대한 이해뿐만 아니라, 인간의 고유한 가치를 재발견하고 이를 AI와의 협력 속에서 어떻게 극대화할 것인지에 대한 고민이 필요한 시기이다.

4.3
초개인화의 딜레마:
데이터 프라이버시와 윤리적 고려사항

    AI로 인한 초개인화는 앞에서 나눈 내용과 많은 산업적인 장점과 맞춤형이라는 효과로 발전되고 있다. 하지만 이러한 장점의 후면에는 초개인화에 따른 데이터 프라이버시와 윤리적 문제라는 양날의 검으로 논의되고 있는 실정이다. 이 장에서는 AI를 통한 초개인화와 함께 해결해야 하는 과제로 관련한 내용을 사례를 들어 다루어 보고자 한다.

    예를 들어, M(밀레니얼)세대와 @(알파)세대 사이에 있는 Z(Zoomers)세대는 모바일과 함께 AI라는 기술의 세계에서 성장했다. 학창 시절 한 손에는 아이패드, 다른 손에는 노트북을 들고 생활하여 전자기기와 신기술에 능통하다. IBM의 연구 자료에 따르면 "Z세대는 자신의 정보가 브랜드의 통계 자료로 활용되는 것을 원치 않지만, 자신이 좋아하는 브랜드와 유대감을 느끼고, 함께하기를 바란다."라는 연구 결과가 있다.

> Z세대는 자신이 좋아하는 브랜드와의 연결을 중요하게 여기며, 60%가 자신이 선호하는 브랜드와 연관되는 것을 긍정적으로 생각한다. 반면, 개인 정보 공유에 민감하며, 윤리적 제조, 지속 가능성, 환경 친화적 활동 등 브랜드의 사회적 책임을 중요하게 여긴다. 이러한 요소는 브랜드 충성도를 형성하는 핵심 요인으로 작용한다.
>
> Gen Z Brand relationships 참고 — IBM Institute for Business Value

이와 같은 맥락에서 브랜드는 개인적인 선호에 따라 제품을 추천하거나 광고를 제공하는 '개인화 마케팅'에 주목하고 있는 것이다. 실시간으로 각 개인 소비자의 니즈에 맞는 콘텐츠를 제공함으로써 브랜드는 개인적 유대감을 쌓을 수 있기 때문이다. 소비자의 니즈를 제대로 파악하여 제공된 콘텐츠는 소비자를 사로잡을 수 있고, 나아가 소비자의 구매를 유도할 수 있다.

이와 같이 생성형 AI의 발전은 앞서 나눈 내용과 Z세대 소비자에게 개인화된 마케팅을 제공하기 시작했다. 연구 내용과 같이 Z세대는 개인화된 콘텐츠를 선호하기 때문에, 서비스 제공자인 사업자는 실시간 초개인화된 콘텐츠 제공 방법으로 AI를 활용하고 있으며, 이러한 AI의 실시간 초개인화 콘텐츠는 소비자의 경험적 데이터를 사용하여 소비자의 관심사를 분석한 제품 추천, 광고 등의 다양한 방법으로 소비자 앞에 나타나게 된다. 이러한 결과로 Z세대는 관심과 흥미에 기반하여 제공된 제품과 서비스에 대한 세대의 소속감, 연결에 대한 니즈를 충족시키는 방식으로 발전되고 있다.

그 결과 서비스 제공 사업자는 개인화 마케팅으로 경쟁에서 부각될 수 있는 구조로 발전하고 있는 것이다. 대표적으로 스포티파이(Spotify)는 AI 기반 개인 맞춤 플레이리스트인 데이리스트(Daylist)를 통해 경쟁에서 우위를 선점했다.

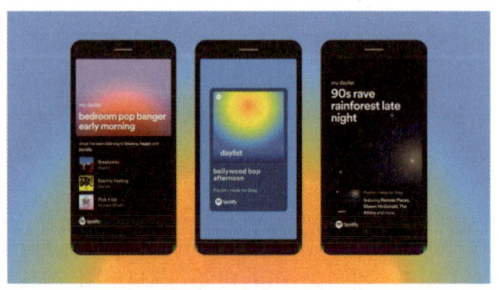

Spotify Daylist 서비스 (출처: Spotify)

사용자는 개인화된 플레이리스트에 유머러스한 명칭을 붙인 뒤 소셜 미디어에 공유했고, 곧 바이럴 되었다. 스포티파이는 하루에도 몇 번씩 플레이리스트를 업데이트하여 소비자의 음악 취향을 분석하고 플레이리스트를 추천하고 있다.

그러나 AI를 통한 이러한 맞춤 콘텐츠 제공은 앞에서 지적한 바와 같이 양날의 검이 될 수 있다. 대표적으로 데이터 프라이버시 문제를 일으킬 수 있기 때문이다. 그리고, AI가 검색어가 아닌 소비자의 행동을 기반으로 추천한 광고는 때로는 불편하고 이상한 상황을 만들기도 한다. 추가로 인사이트를 찾기 위해 알고리즘에 과도하게 의존하는 것은 오히려 진실하지 못한 느낌을 주는 결과를 줄 수 있으며, 잠재적으로 잘못될 가능성이 높다. 특히 규모가 크지 않은 서비스 같은 경우의 AI 서비스는 AI가 예측할 수 있을 정도의 충분한 양질의 데이터가 필요한데 반하여, 학습할 수 있는 데이터가 적을 수 있으며, 이로 인하여 생성형 AI의 할루시네이션과 같은 잘못된 결과의 콘텐츠를 제공할 수 있기 때문이다.

따라서 서비스 제공 사업자는 오히려 솔직하게 플랫폼에서 AI를 활용하고 있는 방향을 공유함으로써 진실성을 높일 수 있다. 어떤 부분이 사람이 제공한 것이고 어떤 부분이 AI가 제공한 것인지에 대한 구체적인 정보 전달이 필요하며, 개인 맞춤형 서비스를 위하여 사용자의 경험 데이터를 AI 모델 학습 데이터로 활용된다는 점에 대한 데이터 활용에 대한 동의로 소비자의 신뢰감을 높일 수 있다고 본다.

이와 같이 AI의 초개인화는 단순히 편의성을 제공하는 것을 넘어, 인간의 개별적 특성과 선호를 존중하고 이를 중심으로 경험을 제공하는 데 합의적 목적이 있어야 한다. 이는 반드시 데이터 프라이버시와 윤리적 측면에서의 사회적 합의와 AI 발전을 저해하지 않는 범위 내에서의 법적, 제도적 규제가 필요할 것이다.

미래의 AI와의 공존은 우리에게 단순한 기술적 수용을 넘어, 인간의 가치와 개성을 존중하는 방식으로의 사회적 전환을 요구하게 될 것이다.

이러한 변화는 기술적 발전과 인간적 가치를 융합하여, 각 개인이 자신의 삶에서 보다 주체적이고 만족스러운 경험을 할 수 있도록 돕는 중요한 계기가 될 것이며, 이를 통해 AI 초개인화 또한 인간의 가능성을 확장하는 도구로 더욱 견고히 발전해 갈 수 있을 것이라고 생각한다.

5장
미디어와 마케팅의 패러다임 변화

AI는 단순한 도구를 넘어 미디어와 마케팅의 기본 구조를 근본적으로 재편하고 있다. 일방적으로 메시지를 전달하던 대중매체는 이제 개인화와 상호작용 중심의 디지털 생태계로 전환되며, 사용자의 선호·행동을 예측해 최적화된 경험을 제공한다. 이를 통해 정보 소비 방식과 마케팅 전략이 획기적으로 바뀌고, 기업과 소비자 간 신뢰와 관계도 더욱 강화된다.

이 장에서는 AI 기술이 미디어와 마케팅의 패러다임을 어떻게 변화시키고 있는지를 나누고, 이러한 변화가 디지털 생태계 전반에 걸쳐 어떠한 영향을 미치는지 살펴보고자 한다. 특히, AI가 창출하는 혁신적인 가능성과 이에 따른 윤리적, 사회적 도전 과제를 함께 다루어, AI 기반 미디어와 마케팅이 가져올 장기적인 파급 효과에 대해 나누어 보고자 한다.

5.1
AI와 디지털 마케팅의 변혁: 광고, 브랜딩, 고객 경험

디지털 광고의 자동화와 초개인화

이미 AI는 디지털 광고 분야에서 근본적인 변화를 주도하고 있다고 해도 과언이 아니다. 과거의 디지털 광고는 단순히 텍스트와 이미지를 조합한 고정된 형식이 주를 이루었다. 그러나 AI의 등장으로 광고는 실시간 데이터 분석과 자동화 기술을 통해 더욱 정교하게 개인화되어 발진하고 있다.

대표적으로, 메타(Meta)와 같은 글로벌 기업들은 '어드밴티지 플러스 크리에이티브(Advantage Plus Creative)'와 같은 도구를 도입하여 다양한 광고 소재를 생성하고, 사용자 맞춤형으로 광고를 제공하는 방식을 구현하여 변화를 주도하고 있다.

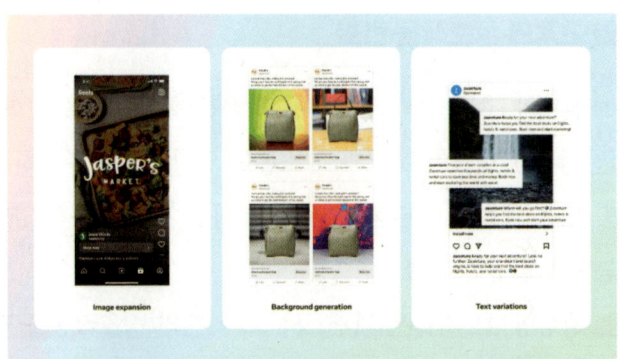

Meta의 'Advantage Plus Creative' (출처: Meta 홈페이지)

　예를 들어, 제품 판매자가 해당 도구를 적용하게 되면, 제품과 관련된 이미지와 동영상 그리고 관련 음악 등과 같은 콘텐츠가 소비자 타깃에 반응을 보일 수 있도록 최적화되어 노출되도록 하여 소비자의 개인화된 소비 접근성을 높이는 형식으로 광고 캠페인을 전달하게 된다. 이를 통해 광고주는 비용과 시간을 절감할 뿐만 아니라, 보다 높은 전환율과 사용자 참여를 달성할 수 있게 되는 방식이다.

　이처럼, 앞에서 이미 다루었던 초개인화는 단순히 고객의 기본적인 프로필 데이터를 활용하는 것을 넘어, 행동 데이터와 감정 분석을 기반으로 개별 사용자의 선호도를 예측하여 적시에 적합한 메시지를 제공하는 방식으로 발전하고 있다. 비슷한 예를 들어, AI 기반 시스템은 사용자가 최근에 검색한 키워드와 클릭 데이터를 조합하여 개인화된 광고를 실시간으로 제공함으로써 소비자 참여도를 높이는 형식이다. 이러한 자동화된 광고 제작과 타기팅 기술은 소규모 비즈니스에도 효과적인 마케팅 전략을 제공하며, 마케팅 입장에서 접근율을 높이는 효과를 누릴 수 있게 된다.

브랜드와 고객의 상호작용 변화

AI는 브랜드와 고객 간의 상호작용 방식을 혁신적으로 변화시키고 있다. 이전에는 브랜드가 고객과의 소통을 일방적으로 주도하는 형식이었다면, AI는 대화형 인터페이스와 개인화된 경험을 통해 양방향 소통을 가능하게 발전하고 있다.

이처럼, 생성형 AI 기술은 브랜드와 고객 간의 상호작용을 더욱 심화시키는 도구로서 이미 시장에 자리 잡고 있으며, 특히 고객 여정(Customer Journey)의 각 단계에서 개인화된 맞춤형 지원을 제공하는 데 기여하고 있다.

예를 들어, 각 제품 브랜드와 관련된 챗봇과 같은 형식은 고객의 질문에 실시간으로 응답하고, 복잡한 문제를 해결하며, 고객이 필요로 하는 정보를 신속하게 제공할 수 있다. 이는 고객 만족도를 높이고, 브랜드 충성도를 강화하는 데 중요한 역할을 한다. 또한, AI는 고객 데이터를 분석하여 고객의 니즈를 선제적으로 파악하고, 적절한 시점에 맞춤형 프로모션과 추천을 제공함으로써, 고객 경험을 사전에 개선하여 고객의 충성도를 높일 수 있다. 이러한 접근 방식은 고객의 브랜드와의 연결성을 강화하며, 장기적인 비즈니스 성과를 창출할 수 있는 것이다.

AI 에이전트의 브랜딩 마케팅 역할 강화

코카콜라의 사례

특히, 브랜딩 마케팅에서 AI의 역할은 점점 더 중요해지고 있다. 이미 생성형 AI는 단순히 데이터를 처리하고 분석하는 도구를 넘어, 브랜드의 핵심 메시지를 효과적으로 전달하고 고객의 감정을 공감하는 방식으로 진화하고 있다. 예를 들어, AI 기반 콘텐츠 생성 도구는 브랜드의 정체성을 반영한 고유한 메시지를 제작하여 다양한 채널에 걸쳐 전달함으로써 브랜드 일관성을 유지한다. 이와 같은 대표적인 사례로 글로벌 회사인 코카콜라를 들 수 있다.

코카콜라의 'Share a Coke' (출처: 코카콜라)

코카콜라는 AI 생성 콘텐츠를 활용하여 개인화된 마케팅 캠페인을 진행하였는데, 그것이 'Share a Coke' 캠페인 활동이었다. AI 시스템을 이용하여 사용자 데이터를 분석하고, 개별 이름이 적힌 병에 개인화된 라벨을 생성하는 마케팅이었다. 조금 더 구체적으로 설명하면, 개인화된 코카콜라 랜드 아이덴티티 생성을 통해 브랜드와 소비자 사이의 개인적인 연결감을 조성하여 재미있고 포괄적인 음료 선택이라는 브랜드의 정체성을 소비자에게 효율적으로 전달할 수 있었던 대표적인 사례이다.

나이키의 사례

또한, AI는 고객의 인텐트(Intent)를 파악하여, 특정 상황에 적합한 메시지를 제공할 수 있는 특별한 능력을 갖추고 있기에 이를 활용한 마케팅 전략도 볼 수 있다. 예를 들어, 특정 이벤트나 캠페인 중에는 AI가 실시간 데이터를 분석하여 고객의 참여를 유도할 수 있는 메시지를 생성하고 배포하는 방식의 마케팅 전략이다.

구체적인 사례로, 글로벌 스포츠웨어 브랜드인 나이키(Nike)가 있다. 대표적으로, 나이키(Nike)는 AI를 활용한 실시간 마케팅의 선두주자로 꼽힌다. 나이키는 주요 스포츠 이벤트 동안 AI 기술을 활용하여 소셜 미디어 대화를 실시간으로 모니터링하고 분석했다. 이를 통해 어떻게 고객의 관심을 끌고 참여를 유도했는지 구체적으로 들여다보자.

나이키 AI 활용 사례 'AI 기반 신발 사이즈 추천 서비스' (출처: 나이키)

먼저, 나이키는 IBM Watson(IBM 왓슨)과 같은 고급 AI 플랫폼을 사용하여 소셜 미디어 게시물, 뉴스 기사, 검색 트렌드 등 방대한 양의 데이터를 실시간으로 분석했다. 이 AI 시스템은 특정 주제나 선수에 대한 대화가 급증하는 순간을 포착할 수 있었다.

예를 들어, 2018년 FIFA 월드컵 동안 크로아티아의 루카 모드리치가 뛰어난 활약을 보이자, 나이키는 AI의 트렌드 감지를 바탕으로 신속하게 모드리치를 내세운 디지털 광고 캠페인을 시작했다.

나이키 '루카 모드리치 디지털 광고 캠페인' (출처: 나이키)

또한, 개인화된 고객 참여도 나이키의 AI 전략의 핵심이었다. 나이키는 자체 개발한 AI 기반 챗봇을 나이키 앱에 통합하여 고객과 실시간으로 소통했다. 이 챗봇은 단순한 질문 응답을 넘어, 고객의 운동 습관, 선호도, 구매 이력 등을 분석하여 개인화된 제품 추천을 제공했다.

나이키의 AI 시스템은 단순히 트렌드를 감지하는 데 그치지 않았다. Natural Language Processing(자연어 처리, NLP) 기술을 활용한 감성 분석 도구를 통해 온라인 대화의 톤을 평가함으로써, 대중의 반응이 긍정적인지, 부정적인지, 중립적인지를 실시간으로 파악하고 그에 맞춰 메시지를 조정할 수 있었다.

예를 들어, 특정 선수의 부상 소식이 전해졌을 때, 나이키는 응원과 격려의 메시지를 전달하여 팬들의 공감을 얻었다. 또한 AI 시스템의 자동화된 의사결정 능력을 통해 실시간 데이터를 기반으로 즉각적인 결정을 내릴 수 있어, 인간의 개입으로 인한 지연 시간을 최소화할 수 있었다.

예컨대, 온라인 광고 캠페인 진행 중에 SNS와 온라인 커뮤니티에서 특정 광고 소재에 대한 반응이 급격히 높아지면, AI는 빠르게 해당 소재의 노출 빈도를 늘리거나 관련 예산을 재할당하여 효과를 극대화했다. 반대로, 부정적인 반응이 감지되면 즉시 광고 소재를 바꾸거나 메시지를 재조정해 소비자의 관심을 되살릴 수 있도록 했다.

이는 특히 디지털 광고 플랫폼에서 큰 효과를 발휘했다. Google Ads(구글 애즈)나 Facebook Ads(페이스북 애즈)와 같은 플랫폼에서도 AI가 실시간으로 광고 성과를 분석하고, 더 효과적인 키워드나 타깃 그룹에 광고 예산을 자동으로 재분배했다. 이를 통해 나이키는 상황 변화에 발 빠르게 대응하며, 데이터에 근거한 마케팅 선택을 수행할 수 있었다.

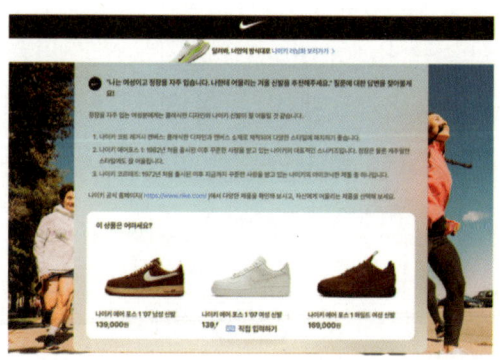

나이키 챗봇 사례 (출처: 나이키)

마라톤 대회 시즌에 챗봇은 마라톤 참가 이력이 있는 고객에게 새로운 마라톤화를 추천하고, 관련 트레이닝 팁을 제공하는 등 맞춤형 서비스를 제공했다. 이러한 AI 기반의 실시간 마케팅 전략은 나이키에게 놀라운 성과를 안겨 주었다. 주요 스포츠 이벤트 기간 동안 나이키의 소셜 미디어 참여율은 평균 25% 증가했으며, 개인화된 제품 추천을 통한 전환율은 15% 상승했다.

또한, AI 챗봇을 통한 고객 서비스 만족도는 이전 대비 30% 향상되는 결과를 보였다. 나이키의 사례는 AI를 활용한 실시간 데이터 분석과 대응이 특정 이벤트나 캠페인 중 고객 참여를 효과적으로 유도할 수 있음을 보여 주는 대표적인 성공 사례이다.

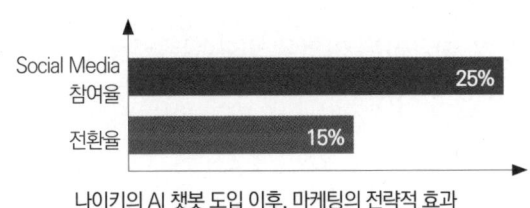

나이키의 AI 챗봇 도입 이후, 마케팅의 전략적 효과

이는 단순히 AI 기술의 활용을 넘어, 고객의 니즈와 관심사를 실시간으로 파악하고 그에 맞춘 가치를 제공하는 AI 활용 마케팅의 중요성을 강조하는 부분이라고 할 수 있다.

앞으로 AI 기술이 더욱 발전함에 따라, 이러한 AI를 활용한 실시간 마케팅 전략은 더욱 정교해지고 효과적으로 진화하고 발전할 것이다. 이에 수많은 기업들은 나이키의 사례를 참고하여 자사의 특성과 고객 특성에 맞는 AI 전략을 수립하고 실행해 나가기 위한 도전을 진행하고 있다. 이를 통해 고객과의 실시간 소통을 강화하고, 브랜드 가치를 높이며, 궁극적으로는 비즈니스 성과를 향상시킬 수 있을 것으로 본다.

이러한 데이터 중심의 브랜딩 전략은 브랜드 인지도를 높이고, 소비자의 신뢰를 구축하는 데 중요한 역할을 할 것이다. 그뿐만 아니라, AI는 브랜드의 가치를 강화하는 데도 기여하고 있으며, 궁극적으로 AI는 고객과의 상호작용에서 얻은 데이터를 기반으로 지속적으로 학습하고 최적화되며, 이를 통해 브랜드는 변화하는 시장 환경과 고객의 기대에 민첩하게 대응할 수 있도록 성장할 것이다. 이는 단순한 마케팅 도구의 활용을 넘어, AI가 브랜딩 전략의 핵심축으로 자리 잡게 되는 것을 의미한다.

이처럼 AI는 디지털 광고, 고객 경험, 브랜딩 마케팅 전반에서 중요한 변화를 가져오고 있으며, 이러한 변화는 앞으로도 계속될 것이다. AI를 효과적으로 활용하는 기업은 변화하는 시장 환경에서 경쟁 우위를 확보할 수 있을 것이다.

5.2
AI 검색과 마케팅 패러다임의 변화: 검색 엔진에서 AI 에이전트로

검색에서 '질문과 답변' 방식으로의 전환

현재의 AI는 전통적인 검색 엔진이 제공하던 키워드 중심의 정보 탐색 방식을 넘어, 대화형 검색이라는 새로운 패러다임을 열어 가고 있다.

검색 AI Agent 대표적인 Genspark UI (출처: Genspark)

앞서 다루었던 내용과 같이, 과거에는 사용자가 적절한 키워드를 입력하여 수많은 검색 결과 중에서 유의미한 정보를 선별해야만 했다. 반면, ChatGPT와 같은 생성형 AI는 사용자의 질문을 맥락적으로 이해하고, 단순한 정보 제공을 넘어 사용자 의도를 반영한 포괄적이고 심층적인 답변을 제공한다. 이는 정보 접근 방식을 효율화할 뿐만 아니라, 사용자가 원하는 정보를 더 빠르고 정확하게 얻을 수 있도록 한다.

"검색에서 '질문과 답변' 방식으로의 전환"

예를 들어, 기존 검색 엔진에서 'AI 기술의 발전'이라는 키워드를 입력하면 수많은 기사와 웹페이지 링크가 나열될 뿐이었다. 그러나 최근 발표된 OpenAI의 SearchGPT나 Perplexity 등은 사용자의 구체적인 질문에 대해 관련 정보를 요약하고, 추가 질문에 따라 더 깊이 있는 내용을 확장하여 제공할 수 있게 되었다. 이러한 대화형 검색 방식은 특히 복잡하고 전문적인 정보를 탐색해야 하는 사용자 요구를 보다 효과적으로 충족시켜 준다는 점에서 주목할 만하다.

위의 예시와 같은 대표적인 사례로 조지아 공과대학의 AI 기반 교육 조교인 'Jill Watson'을 도입한 사례를 볼 수 있다. Jill Watson은 IBM의 Watson 플랫폼을 기반으로 개발되었으며, 이전 수업에서 수집된 40,000개 이상의 포럼 게시물을 학습 데이터로 활용하였다. Jill Watson의 주요 역할은 학생들의 일반적인 질문에 자동으로 응답하는 것이었다. 예를 들어, 학생이 "과제 제출 기한이 언제인가요?"

라고 물으면 Jill은 즉시 정확한 날짜와 시간을 제공했다. 또는, 학생이 "머신러닝 알고리즘의 종류"에 대해 물으면 Jill Watson은 먼저 지도 학습, 비지도 학습, 강화 학습 등 주요 카테고리를 간단히 설명한다. 이처럼 조지아 공과대학의 사례는 AI 기술의 발전이 교육에 미치는 긍정적 영향을 잘 보여 준다. 단순히 정보를 검색하는 수준을 넘어, 질문과 답변 과정을 통해 학습자와 상호작용하고, 맞춤형 교육을 효과적으로 지원할 수 있다는 점에서 AI 조교는 미래 교육의 중요한 전환점을 제시한다.

학생이 "지도 학습에 대해 더 자세히 알고 싶어요."라고 추가적인 질문을 하면, Jill Watson은 지도 학습의 정의, 작동 원리, 대표적인 알고리즘(예: 선형 회귀, 결정 트리) 등에 대해 더 상세한 정보를 제공한다.

조지아 공과대학은 대화형 검색 방식을 도입한 AI 조교를 통해, 전통적인 검색 엔진과 달리 학생들의 학습 맥락을 이해하고 그에 맞는 정보를 제공할 수 있는 교육 환경을 구축했다. 이 AI 조교는 24시간 실시간으로 학생들의 질문에 대응할 수 있을 뿐 아니라, 각 학생의 질문 패턴과 학습 진도를 분석해 맞춤형 조언을 제공함으로써 개인화된 학습 지원을 실현했다. 그 결과, 교수진의 업무 부담 역시 크게 줄어들어 교육 효율이 전반적으로 높아지는 효과를 거둘 수 있었다.

AEO(AI Engine Optimization)의 등장

기존의 웹 검색 엔진 환경에서는 SEO(Search Engine Optimization, 검색 엔진 최적화)를 통해 웹사이트나 콘텐츠를 검색 결과에 최적화하는 전략이 주를 이뤘다. 그러나 최근 AI 기반 검색 기술이 빠르게 확산되면서, 단순 검색을 넘어 개인화된 맞춤형 정보 제공이 가능해진 만큼 AEO(AI Engine Optimization, 답변 엔진 최적화)가 새로운 해법으로 부상하고 있다. 이미 시장에서도 AI 환경에 최적화된 콘텐츠 전략을 제시하고 있으며, AEO가 향후 디지털 마케팅의 핵심 방향으로 자리 잡을 것으로 기대된다.

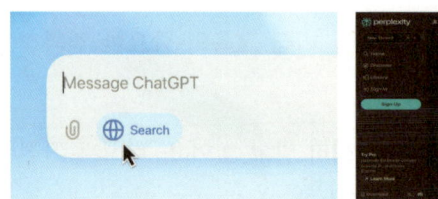 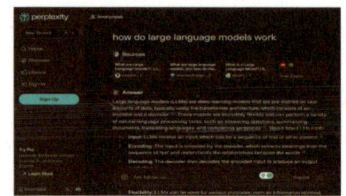

AI 기반 검색 엔진의 대표적인 OpenAI 'SearchGPT' & Perplexity
(출처: OpenAI, Perplexity)

1990년대 인터넷이 보급되면서 우리는 기존 미디어(신문, TV, 라디오, 전화 등) 대신 웹으로 정보를 쉽게 접근할 수 있게 되었다. 폭발적인 성장 속도로 웹에 많은 정보가 늘어나면서 그만큼 원하는 정보를 정확히 찾는 것이 쉽지 않게 되었다.

하지만 이러한 문제점은 2000년대 'PageRank'라는 새로운 알고리즘을 기반으로 만들어진 구글 검색 엔진이 등장하여 원하는 정보를 빠르게 검색할 수 있게 되며 극복할 수 있게 되었다. 지난 2006년에는 옥스포드 영어 사전과 메리엄-웹스터 사전(Merriam Webster Dictionary)에 '구글링(Googling)'이라는 단어가 추가되기도 하였다.

SEO와 AEO의 차이점 (출처: 통계청 통계교육원)

지난 20여 년간 인터넷 시대의 '검색'하면 가장 먼저 떠오르는 존재가 구글이었다. 그리고 구글 검색 알고리즘을 효과적으로 활용하기 위한 SEO(Search Engine Optimization, 검색 엔진 최적화)는 웹사이트를 검색 엔진 결과 페이지(SERP)에서 상위에 노출시키기 위해 기술적, 콘텐츠적 요소를 최적화하는 데 집중해 왔다.

그러나 최근에는 답변 중심의 AI 검색이 부상함에 따라, 기존 SEO 전략을 넘어서는 AEO(Answer Engine Optimization, 답변 엔진 최적화)가 새로운 최적화 방식으로 주목받고 있다. AEO는 단순히 검색 결과에서 상위에 노출되도록 만드는 것을 넘어, AI가 사용자의 질문에 대해 실질적이고 유용한 답변을 직접 제공할 수 있도록 웹 콘텐츠를 최적화하는 것을 목표로 하는 것으로, 이를 통해 보다 개인화된 정보 접근과 사용자 만족도를 높이는 전략으로 자리매김하고 있다는 의미이다.

특성	생성형 AI(GPT)	AI 검색(Perplexity)
데이터 소스	학습한 데이터 기반	외부 지식 및 실시간 데이터
정보 처리	LLM을 통해 직접 생성	Retrieval을 통해 관련 문서 검색 후 요약
프로세스 단계	질문 → LLM → 답변 생성	질문 → Retrieval → Prompt 구성 → LLM → 답변 생성
응답 생성	모델이 알고 있는 지식에서 생성	외부 데이터를 기반으로 정확한 정보와 출처를 제공
정보 신뢰성	모델의 학습 시점에 따라 다름	최신 정보 반영 가능
주 사용층	다양한 범용적 사용자에게 적합, 특히 창의적 콘텐츠 생성을 하는 작가, 디자이너 등 창작자에게도 유리	일반적으로 Perplexity와 같은 AI 검색 엔진은 AI 검색의 실시간 정보 검색과 분석, 정확한 데이터를 필요로 하는 연구자, 학생, 전문가 등이 주 사용자 층

ChatGPT vs. Perplexity (출처: 통계청)

사용자 경험 측면에서 SEO는 키워드 중심의 질문에 따라 나타나는 결과물인 여러 링크를 사용자가 직접 하나하나 클릭하여 최종적으로 필요한 정보를 찾고 정리해야 하는 반면, AEO는 사용자의 자연어 방식의 복잡한 질문에 AI가 질문 맥락을 이해하여 출처와 함께 맞춤형 답변을 제공한다. 또한 후속 질문도 추가 제시해 줌으로써 더 깊은 대화와 학습을 통해 최적의 답변을 도출하게 도와준다.

기술적인 관점에서도 SEO와 AEO와의 차별점은 두드러진다. SEO는 링크 구조, 키워드, 메타데이터 최적화에 중점을 둔다면, AEO는 구문 분석, 자연어 처리 및 답변의 정확성을 중요시하는 방식이다. 즉, AI가 스스로 콘텐츠의 맥락과 의미를 이해하고 사용자에게 적합한 답을 제공할 수 있도록 데이터를 구조화하는 방식인 것이다.

이처럼, AEO는 AI가 학습 데이터로 활용할 수 있는 고품질 콘텐츠를 제작하고, 사용자의 질문 의도를 분석하여 최적화된 답변을 생성할 수 있도록 돕는 역할을 하게 되며, 이는 기존 SEO의 기술적 요소와 결합해, 검색 환경에서의 가시성을 더욱 높일 수 있게 되는 것이다.

구분	SEO (Search Engine Optimization)	AEO (Answer Engine Optimization)
목적	- 검색 엔진에서 웹페이지의 상위 노출	- AI 답변 엔진에서 학습된 최신의 정확하고 유용한 답변 제공
목표	- 웹사이트 트래픽 증가 및 검색 결과 페이지(SERP)에서 상위 노출	- AI 답변 엔진에서 사용자의 검색 의도를 파악하고 맥락에 맞는 최적의 답변 제공
사용자 경험	- 키워드 중심의 질문 - 사용자가 여러 링크를 클릭해 필요한 정보를 찾아야 함	- 자연어 방식의 복잡한 질문 - AI가 질문 맥락을 이해하여 출처 및 맞춤형 답변을 제공 - 후속 질문 제시
최적화 대상	- 키워드, 링크 구조, 메타데이터, 콘텐츠 품질	- 질문에 대한 명확한 답변, 구문 분석, 자연어 처리 기반의 정확한 정보
주요 기술	- 키워드 연구, 백링크, 메타태그, 페이지 로딩 속도	- 자연어 처리(NLP), 구조화된 데이터, LLM(대규모 언어 모델), 구문 분석
적용 방식	- 검색 알고리즘이 웹페이지를 크롤링하고 인덱싱	- AI 답변 엔진이 질문을 이해하고 관련 정보 추출
중점 요소	- 키워드 밀도, 페이지 구조, 사용자 경험(UX), 반응형 웹 디자인	- 정확한 답변 제공, 질문과 관련된 구체적이고 신뢰성 있는 정보 제공
최적화 방법	- 블로그, 기사, 제품 설명 페이지 등 다양한 형식	- FAQ 스타일, 구조화된 데이터, 명확한 질문-답변 형식
성공 측정 지표	- 클릭률(CTR), 페이지 체류 시간, 반송률(Bounce Rate)	- 답변의 정확성, 사용자 질문에 대한 AI의 이해도와 만족도
미래 전망	- 검색 엔진 알고리즘의 발전에 따른 지속적 변화	- AI 기반의 개인화된 답변 제공 및 더욱 정교한 질문 분석

SEO와 AEO의 차이점 (출처: 통계청)

검색이 일상화된 인터넷 세상에서 검색 엔진은 오늘날 우리가 정보를 얻는 주요 도구 중 하나로, 우리의 일상적인 삶과 업무에 많은 영향을 미친다.

이를 통해 우리는 필요한 정보를 빠르고 효율적으로 찾을 수 있으며, 의사결정을 내리고 다양한 문제를 해결하는 데 많은 도움을 받고 있는 게 현실이다. 이러한 관점에서 SEO 방식에서 AI가 최신의 정확한 답변을 신속하게 제공해 주는 AEO 방식으로의 전환을 시작해야 한다. 이에, 검색 AI 시대에서 기업과 개인은 브랜드 가시성(Visibility)을 높일 수 있는 AEO 콘텐츠 최적화가 매우 중요해졌다. AI 기반 마케팅 패러다임 전환을 리드하는 국내 기업인 'The Core'에서 발표한 내용 등을 기반으로 필자는 AEO 콘텐츠 전략을 아래와 같이 다섯 가지를 제안해 보고자 한다.

1. 질문 중심의 콘텐츠 작성

첫 번째로, 사용자들이 자주 묻는 질문을 파악하고, 이에 대한 명확하고 간결한 답변을 제공하는 콘텐츠를 작성하는 것이 중요하다. 이는 검색 엔진이 해당 콘텐츠를 사용자의 질문에 대한 최적의 답변으로 인식하도록 도와주는 중요한 역할을 하게 될 것이다. 이를 위해 예를 들어, FAQ 페이지를 만들거나 블로그 포스트의 제목을 질문 형태로 작성하는 등과 같은 방식이 효과적인 방법이 될 수 있다.

작성 방법
- FAQ 페이지를 제작하거나, 블로그/사이트 게시물의 제목을 질문 형식으로 구성한다.
  (예: "AEO의 5가지 방법론: 자주 묻는 질문과 답변 정리")
- 질문-답변 구조를 명확히 구분해서 독자가 빠르게 찾고, 검색 엔진이 답을 쉽게 인식할 수 있도록 한다.
  (예: "Q: AEO란 무엇인가? A: ~~~")

- 질문에 대한 답변을 가장 먼저 제시하고, 필요하다면 추가 정보나 배경지식을 뒤에 덧붙이는 방식으로 쓴다.

구체적인 예시
- "AEO란 무엇인가?"라는 질문으로 시작해, "AEO는 AI 엔진이 사용자 질문에 직접 답변을 제시하도록 콘텐츠를 최적화하는 방법입니다. (중략) 자세한 사례로는 ~~~가 있습니다."처럼 답변을 먼저 기술한다.
- 추가적으로 질문 형태로 된 제목과 소제목을 적극 활용하면, 음성 검색이나 대화형 AI 모델에서 사용자가 묻는 질문과 유사성이 높아져, 검색상 노출 효과가 커진다.

2. 구조화된 데이터 활용

Schema.org 또는 JSON LD와 같은 구조화된 데이터 마크업을 사용하여 검색 엔진이 콘텐츠의 구조와 의미를 AI 엔진에 명확히 전달하도록 한다. 이는 AI가 콘텐츠를 더 잘 이해하고 적절한 상황에서 답변으로 제공할 수 있도록 돕는 역할을 하게 된다.

작성 방법
- 웹페이지 내에서 제품, 기사, 레시피 등 각 유형별로 제공되는 스키마를 활용한다.
(예: "FAQPage" 스키마를 활용해 Q&A 콘텐츠를 구조화하거나, "HowTo" 스키마를 이용해 단계별 가이드를 표시한다.)

- JSON-LD 형식으로 검색 엔진에 필요한 정보를 추가하여, 콘텐츠가 어떤 주제이고 어떤 구조인지 더욱 명확히 전달한다.

구체적인 예시

```
<script type="application/ld+json">
{
  "@context": "https://schema.org",
  "@type": "FAQPage",
  "mainEntity": [{
    "@type": "Question",
    "name": "AEO란 무엇인가?",
    "acceptedAnswer": {
      "@type": "Answer",
      "text": "AEO는 ... (답변 내용)"
    }
  }]
}
</script>
```

- 위 코드를 웹페이지에 삽입하면, 검색 엔진은 "AEO란 무엇인가?"라는 질문과 그에 대한 답변을 명확히 구분해 인식할 수 있다.
- 추가적으로 구조화된 데이터는 리치 스니펫(rich snippets)이나 대화형 검색 결과로 노출될 가능성을 높여, 사용자와 AI가 필요한 정보를 더 빠르게 찾을 수 있도록 돕는다.

3. 음성 검색 최적화

자연스러운 언어와 대화체를 사용하여 콘텐츠를 작성해야 한다. 장문의 키워드 대신 질문 형식의 키워드를 타기팅하는 것 또한 효과적이다. 이는 LMM 모델로의 발전과 음성 검색 등의 증가 추세에 대응하기 위한 중요한 전략이 될 것이다.

작성 방법
- "어떻게 해야 하나요?" "무엇이 좋은 방법인가요?" 등 사용자들이 실제 음성 검색에서 자주 쓰는 질문형 문장을 콘텐츠 내에 반영한다.
- 긴 키워드(롱테일 키워드) 대신, 자연어로 "~~해도 괜찮은가요?", "어떻게 시작해야 할까요?" 같은 키워드를 넣어 본문을 구성한다.
- 본문 내용은 되도록 간결하고 직접적인 문장으로 작성한다. 음성 비서가 직접 읽어 주기에 무리가 없도록, 전문용어를 사용하더라도 뒤에 쉬운 해설을 덧붙이는 방식이 효과적이다.

구체적인 예시
- "AEO를 구현하는 쉬운 방법이 있나요?"라는 문장을 본문 소제목으로 두고, 이에 대한 답변을 짧고 명확하게 작성한다.
- "단계별로 알려 주세요.", "지금 바로 설정이 가능한가요?" 같은 문장을 넣어 독자가 실제 음성으로 질문했을 때를 가정한 콘텐츠를 만든다.
- 추가적으로 음성 검색 사용자가 늘어날수록, "사람들이 실제로 어떤 문장으로 묻는가?"를 파악해 콘텐츠 FAQ나 Q&A 형식으로 반영하는 것이 좋다.

4. 정확하고 신뢰할 수 있는 정보 제공

너무도 당연한 내용이지만, 콘텐츠에 대한 팩트(Fact) 체크를 철저히 하고 신뢰할 수 있는 출처를 인용하여 생성해야 한다. AI 엔진은 정확성과 신뢰성을 중요하게 여기므로, 이는 AEO 전략의 핵심 요소이다.

작성 방법
- "출처: ○○ 연구소, 2025", "○○ 통계청 데이터 기준" 등 출처(레퍼런스)를 반드시 표기하고 신뢰할 수 있는 기관의 정보를 인용한다.
- 최신 정보를 지속적으로 업데이트하고, 만약 오래된 정보나 추정치를 사용할 경우 "~년 기준" 또는 "추정치임" 등을 명시해 사용자 혼선을 방지한다.
- 정확한 데이터에 기반한 그래프, 표, 인포그래픽 등을 활용해 시각적으로도 신뢰를 높인다.

구체적인 예시
- "2022년 기준 AI 시장 규모는 ○○억 달러로 추산되고 있습니다. (출처: 글로벌 AI 마켓 리포트)"
- 추가적으로 검색 엔진 및 AI 모델은 신뢰할 수 있는 사이트로부터 정보를 얻고자 하므로, 도메인 권위(Domain Authority)를 높이는 것도 중요하다. 그리고, 게시글 하단에 참고 문헌 목록이나 추가 읽을 정보의 링크를 제공하면, 사용자가 더 깊은 정보를 찾아볼 수 있어 콘텐츠 신뢰도 향상에 기여할 수 있다.

5. 간결하고 명확한 답변 작성

마지막으로, 핵심을 빠르게 전달할 수 있는 간결한 문장을 사용해야 한다. 불필요한 정보는 제거하고 질문에 직접적으로 관련된 답변만 제공하는 것이 중요하다.

작성 방법

- 본문의 첫 문장이나 첫 단락에서 핵심 답변을 곧바로 제시한다.
  (예: "AEO는 AI가 사용자 질문에 대한 답을 직접 제공하도록 콘텐츠를 최적화하는 방식입니다.")
- 불필요한 서술이나 배경지식은 뒤로 배치하거나 별도의 링크로 분리해 메인 정보에 방해가 되지 않도록 한다.
- 목차, 요약 문구 등을 이용해 답변 포인트를 한눈에 알아볼 수 있도록 구성한다.

구체적인 예시

- "AEO가 기존 SEO와 다른 점은 무엇인가요?"라는 질문에 대해 첫 단락에서 "AEO는 단순 검색 순위 상위 노출이 아닌, AI가 답변을 직접 제시하도록 콘텐츠를 구성하는 데 초점을 둡니다."라고 짧고 명확하게 제시한 뒤, 뒤이어 추가 설명을 붙인다.
- 추가적으로 검색 엔진이나 AI 모델은 텍스트 초반부를 주로 스니펫화(미리보기)해서 보여 주므로, 콘텐츠 전반부에 결론적 요점을 배치하는 것이 좋다. 그리고 독자들이 모바일 기기를 통해 글을 많이 읽는 생활적 패턴에 따라, 짧고 쉽게 이해할 수 있는 문장 구조를 지향하는 것이 도움이 된다.

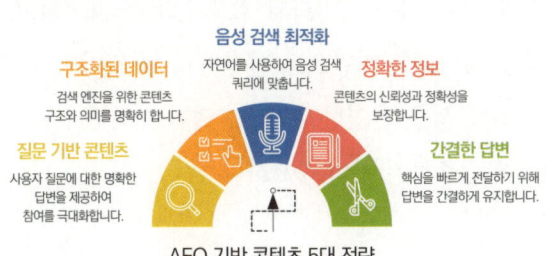

AEO 기반 콘텐츠 5대 전략

필자가 제안한 AEO 전략은 너무도 당연한 얘기일 수도 있다. 하지만, AI 기반의 검색 환경에서 콘텐츠의 가시성과 활용도를 높이는 데 있어, 이러한 기본적인 최적화 전략이 중요한 역할을 하게 될 것이다. 특히 OpenAI ChatGPT나 Perplexity AI와 같은 AI 검색 엔진의 답변에 포함되는 것을 목표가 되기 위해서는, 기존의 SEO 전략과는 다른 접근이 반드시 필요하다.

이렇듯 AI 검색 기술의 발전은 정보 검색 방식뿐만 아니라 마케팅에도 큰 영향을 미치고 있다. SEO에서 AEO로의 전환은 검색 결과의 정확성과 사용자 경험을 개선하는 데 기여하며, 마케터들은 AI가 선호하는 최적화된 콘텐츠 전략을 통해 브랜드 가시성을 극대화할 수 있을 것이다.

이제 AI 환경에서의 AEO는 단순히 검색 결과 순위를 높이는 것을 넘어, 사용자의 질문에 직접적이고 정확한 답변을 제공하는 것에 초점을 맞추어야 한다. 이는 특히 LMM의 발전, 그리고 음성 검색과 모바일 기기 사용이 증가하는 현재 트렌드에 매우 적합한 필수적인 방식이다.

결론적으로, AEO 전략은 AI 시대의 콘텐츠 최적화에 필수적인 요소가 되고 있다. 기업들은 이러한 전략을 적극적으로 도입하여 변화하는 검색 환경에 대응하고, 사용자들에게 더 나은 정보 제공 경험을 전달할 수 있을 것이다.

미래의 검색 AI는 더욱 개인화된 검색 경험을 제공하고, AI 마케팅도 자동화와 초개인화를 기반으로 발전하게 될 것이며, 따라서 구조화된 데이터와 최신성을 반영한 콘텐츠, 멀티모달 콘텐츠 전략을 통해 AEO 최적화에 집중하는 것이 중요하다.

검색 광고의 새로운 모델

이렇게 변화하는 AI 기반 검색은 광고 모델에도 혁신을 가져왔다. 기존의 검색 광고는 키워드 중심으로 운영되며, 광고의 성과는 클릭 수나 방문자 수로 측정되었다.

그러나 AI가 추천하는 검색 결과에서는 단순 클릭 수보다 콘텐츠의 신뢰성과 관련성이 더 큰 가치를 지니게 되었다. 이는 기업이 단순히 광고를 통해 트래픽을 유도하는 것에서 벗어나, AI가 추천할 만한 고품질 콘텐츠를 제작하고, 이를 통해 신뢰를 구축하는 방향으로 나아가야 함을 의미하는 것이다.

예를 들어, 사용자가 "AI 기반 헬스케어 솔루션 제품 추천해 줘"라고 검색한다고 가정해 보자. AI 기반 검색 엔진은 사용자의 검색 의도를 정확히 파악하고, 관련성 높은 정보를 제공하는 콘텐츠를 추천한다. 이때 AI는 단순히 키워드 매칭을 넘어서, 사용자의 검색 히스토리, 위치, 시간대 등 다양한 콘텍스트를 고려하여 최적의 결과를 제공하게 된다.

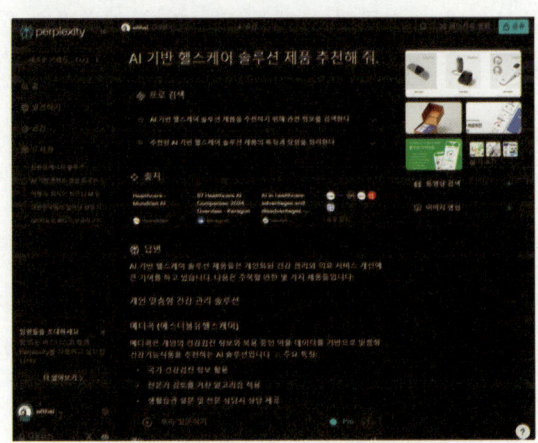

Perplexity 검색 예시 화면 (출처: Perplexity)

예를 들어, "AI 기반 헬스케어 솔루션 제품 추천해 줘"라는 프롬프트에 대하여, Perflexity AI는 다음과 같은 콘텐츠를 제공(추천)할 수 있다.

- 메디콕(에스더블유헬스케어)
- 뉴지엄 도슨트 지피티(뉴지엄랩)
- AI-Rad Companion(Siemens Healthineers)
- Aidoc 솔루션
- Tempus 솔루션

이러한 AI 검색은 관련성 높은 정보를 제공하는 콘텐츠를 추천하고, 해당 콘텐츠 안에 자연스럽게 삽입된 광고를 통해 사용자의 관심을 유도하게 된다.

위 예시와 같이, "AI 기반 헬스케어 솔루션 제품 추천해 줘"라는 프롬프트에 대한 검색 결과 콘텐츠에는, '메디콕' 또는 '뉴지엄 도슨트 지피티'와 같은 AI 기반 솔루션의 제품 광고가 자연스럽게 검색되어 포함될 수 있다. 이 검색의 결과는 단순히 결과이기 이전에, AI 기반 헬스케어 솔루션 소개와 함께 광고로 소개됨으로써, 사용자의 관심을 자연스럽게 유도할 수 있을 것이다.

이러한 방식은 광고주가 기존의 검색 엔진에서의 단순 노출에 의존하기보다, 콘텐츠의 질과 정보 전달력을 통해 소비자와 더 깊은 신뢰를 구축할 수 있도록 돕는 역할을 할 것이며, 광고 성과를 측정하는 기준도 클릭 수에서 넘어, 소비자의 행동 변화나 전환율과 같은 지표로 확대로 AEO 고도화에 주요한 전략 데이터가 될 것이다.

이처럼 AI 검색과 마케팅 패러다임의 변화는 기존의 검색 엔진 중심의 마케팅 전략을 넘어, 데이터 중심의 새로운 접근 방식을 요구하고 있다. 이를 통해 기업은 더욱 효과적으로 고객과 소통하며, 장기적인 비즈니스 성공을 이끌어 낼 수 있을 것이다.

5.3
AI의 등장으로 변화하는 미디어의 역할

미디어 자체가 메시지가 되는 시대

AI의 등장과 발전으로 변화되는 미디어 시장에서도 많은 변화가 감지되고 있다. 대표적으로 캐나다의 미디어 이론가이자 문화 비평가인 마셜 매클루언(Marshall McLuhan)의 "미디어가 인간의 촉각을 자극할 것"이라는 견해를 담은 《미디어의 이해(Understanding Media)》 저서의 내용과 선언은 반세기가 지난 오늘날, AI 기술의 발전으로 인해 전혀 새로운 의미를 띠게 되었다.

마셜 매클루언(Marshall McLuhan)(좌) 미디어의 이해(우)

전통적인 미디어 환경에서 벗어나, 이제 미디어는 단순한 정보 전달의 도구를 넘어 그 자체로 메시지가 되고 있으며, 이러한 변화의 핵심에는 AI 기술이 있다.

구체적으로 표현하면, 과거의 미디어는 단순히 정보를 전달하는 도구로 기능을 하였지만, AI는 그 자체가 메시지가 되는 새로운 차원을 열고 있다는 의미이다. 생성형 AI는 단순한 정보 전달을 넘어, 실시간 상호작용과 개인화된 경험을 통해 사용자와 미디어의 관계를 재정립하고 있다는 것이다.

과거의 전통적인 텔레비전 방송은 미리 제작된 프로그램을 일방적으로 송출하는 구조를 가졌다. 시청자들은 정해진 시간에 정해진 프로그램을 수동적으로 소비할 수밖에 없었다. 그러나 AI 기반 플랫폼의 등장으로 이러한 패러다임이 완전히 바뀌었다. 이제 미디어는 사용자와 끊임없이 상호작용하며, 실시간으로 제공되는 데이터를 바탕으로 개인화된 콘텐츠를 생성한다. 이는 단순한 기술적 진보를 넘어, 미디어 소비 방식과 미디어의 본질적 역할에 대한 근본적인 변화를 의미한다.

이러한 변화를 잘 보여 주는 두 가지 사례를 살펴보자.

넷플릭스의 사례

첫 번째로, 스트리밍 서비스의 AI 기반 맞춤형 콘텐츠 추천 시스템이다. 넷플릭스(Netflix)를 예로 들어 보자. 넷플릭스의 추천 알고리즘은 단순히 사용자가 시청한 콘텐츠 목록을 넘어, 시청 시간, 일시 정지 빈도, 검색 기록, 심지어 자막 사용 여부까지 고려한다. 이 방대한 데이터를 AI가 분석하여 사용자의 취향을 정밀하게 파악하고, 그에 맞는 콘텐츠를 추천한다.

흥미로운 점은 이 시스템이 단순히 비슷한 장르의 콘텐츠를 추천하는 데 그치지 않는다는 것이다. 예를 들어, 사용자가 로맨틱 코미디를 주로 시청했다고 해서 항상 같은 장르만 추천하지 않는다. 대신 AI는 해당 사용자가 선호하는 특정 배우나 감독, 혹은 특정 시대나 분위기의 작품을 파악하여 전혀 다른 장르의 작품을 추천할 수도 있다. 이는 미디어 플랫폼이 단순한 콘텐츠 제공자를 넘어, 사용자의 잠재적 취향까지 예측하고 새로운 경험을 제안하는 '큐레이터'로 진화하고 있음을 보여 준다. 더 나아가, 이러한 추천 시스템은 콘텐츠 제작에도 영향을 미친다.

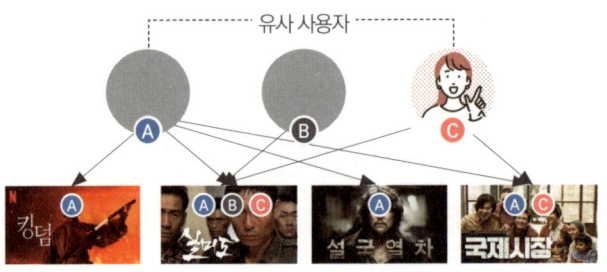

넷플릭스의 유사 사용자 기반 알고리즘

위 예시에는 A, B, C 3명의 사용자가 있다. 예를 들어, 영화를 추천해야 할 타깃 사용자가 C라고 할 경우, 사용자 기반 알고리즘은 C와 취향이 비슷한 유사 사용자를 찾아내어 위 이미지와 같은 알고리즘으로 영화를 추천힌다.

A는 〈킹덤〉, 〈실미도〉, 〈설국열차〉, 〈국제시장〉 시청
B는 〈실미도〉만 시청
C는 〈실미도〉, 〈국제시장〉 시청

이런 경우, C와 중복되는 영화를 시청한 사용자는 A이다. 따라서, A와 C를 유사 사용자로 판단하게 되며, A는 시청하였고 C는 시청하지 않은 〈킹덤〉, 〈설국열차〉를 추천하게 된다.

넷플릭스의 오리지널 시리즈 〈하우스 오브 카드〉는 사용자 데이터 분석을 통해 정치 드라마와 케빈 스페이시에 대한 높은 선호도를 발견하고, 이를 바탕으로 기획된 대표적인 미디어 콘텐츠이다.

넷플릭스 〈하우스 오브 카드〉 포스터 (출처: 넷플릭스)

이는 미디어 플랫폼이 단순히 콘텐츠를 전달하는 것을 넘어, 사용자의 취향을 반영한 콘텐츠를 직접 생산하는 주체로 변모하고 있음을 의미한다.

뉴스에 접목한 사례

두 번째로, AI를 활용한 실시간 뉴스 생성 및 개인화 서비스가 있다. 예를 들어, 국내 언론사 중 연합뉴스는 '로봇 기자'를 도입하여 선거 결과, 주식 시장 동향, 스포츠 경기 결과 등을 실시간으로 보도하고 있다. 이 AI 시스템은 초당 수백 건의 기사를 작성할 수 있어, 속보성이 중요한 뉴스 분야에서 큰 장점을 발휘하고 있다. 그러나 더욱 혁신적인 것은 개인화된 뉴스 서비스다.

연합뉴스의 '로봇기자' (출처: 연합뉴스)

또한, 중국의 진르토우티아오(今日头条)는 AI 알고리즘을 사용하여 각 사용자에게 맞춤형 뉴스 피드를 제공한다. 이 시스템은 사용자의 읽기 패턴, 체류 시간, 공유 행동 등을 분석하여 관심사를 파악하고, 그에 맞는 뉴스를 선별하여 제공한다. 더 나아가, 사용자의 읽기 속도와 선호하는 기사 길이까지 고려하여 콘텐츠를 재구성한다.

진르토우티아오(今日头条) AI 알고리즘 기반 사용자 맞춤형 뉴스 피드
(출처: 진르토우티아오(今日头条))

AI와 미디어의 상호작용이 사회에 미치는 영향

그러나 이러한 개인화된 뉴스 서비스는 정보 소비의 효율성을 높이

는 반면, 필터 버블(Filter Bubble)과 같은 문제를 초래할 위험이 있다. 필터 버블은 사용자가 특정 시각에 기반한 정보만 접함으로써, 다양한 관점을 접할 기회가 제한되는 현상을 의미한다. 이는 AI가 콘텐츠 생성 과정에서 의도하지 않은 편향이나 오류를 포함할 가능성을 시사하며, 궁극적으로 사회적 편향과 정보 왜곡을 야기할 수 있다. 대중에게 잘못된 정보를 전달하고 사회적 갈등을 불러일으킬 수 있다는 점에서, 매우 중요한 윤리적·사회적 문제로 거론된다.

이에 일부 AI 기반 뉴스 플랫폼들은 이러한 문제를 완화하기 위해, 사용자의 기존 관심사와 다른 주제의 기사를 일정 비율로 노출하는 '세런디피티(Serendipity)' 알고리즘을 도입하고 있다. '세런디피티'는 '뜻밖의 우연'을 의미하며, 추천 알고리즘이 종종 특정 사용자의 주 관심사에 부합하지 않는 콘텐츠를 의도적으로 추천한다는 아이디어를 담고 있다. 이는 정보 편향을 줄이고, 사용자에게 새로운 시각이나 관심 분야를 접할 기회를 제공한다는 점에서 주목할 만하다.

예를 들어, 해외 뉴스 애그리게이터(Aggregator) 플랫폼인 '스마트뉴스(SmartNews)'는 사용자가 주로 보는 카테고리 외에도, 'Top News'나 'Discover' 탭을 통해 다양한 주제의 기사를 자동으로 추천하도록 설계했다. 사용자가 체류 시간이 길거나 자주 클릭하는 분야가 아닌, 이와 전혀 상관없는 정치·사회·문화 기사도 함께 노출되어, 독자가 새롭고 폭넓은 시각을 경험하도록 돕는 것이다. 이를 통해 특정 주제나 관심사만을 반복적으로 소비하는 행태를 완화하고, 우연적 발견을 통해 지식과 관심사를 확장하는 효과가 기대된다.

이러한 세런디피티 알고리즘 적용 사례들은, 미디어 플랫폼이 단순한 정보 전달자를 넘어 사용자의 정보 소비 균형을 고려하는 책임 있는 중재자로서의 역할을 수행하고 있음을 보여 준다. 이를 통해 필터 버블이나 편향 문제로 인한 사회적 갈등을 줄이는 동시에, 독자들에게 다양한 관점과 새로운 아이디어를 제공하여 더욱 건강한 정보 생태계를 조성하려는 의도라고 볼 수 있다.

이는 미디어 플랫폼이 단순한 정보 전달자를 넘어, 사용자의 정보 소비 균형을 고려하는 책임 있는 중재자로서의 역할을 수행하고 있음을 보여 주는 또 다른 사례이다.

이러한 사례들은 AI 기술이 미디어의 본질을 어떻게 변화시키고 있는지 명확히 보여 준다. 미디어는 더 이상 수동적인 정보 전달 채널이 아니다. 대신 사용자와 끊임없이 상호작용하며, 개인화된 경험을 제공하는 지능형 플랫폼으로 진화하고 있다. 이제 미디어는 그 자체로 하나의 메시지가 되어, 우리의 정보 소비 방식과 세계관 형성에 직접적인 영향을 미치고 있다.

이렇듯 AI로 인한 이러한 변화는 미디어 산업 전반에 걸쳐 새로운 도전과 기회를 제공하고 있다. 콘텐츠 제작자들은 이제 단순히 '좋은' 콘텐츠를 만드는 것을 넘어, AI 시스템과 효과적으로 협업하는 방법을 고민해야 한다. 미디어 기업들은 데이터 수집과 분석 능력을 핵심 경쟁력으로 키워야 하며, 동시에 개인 정보 보호와 윤리적 사용에 대한 책임도 져야 한다.

결론적으로, AI의 등장으로 인한 미디어의 변화는 단순한 기술적 진보를 넘어선다. 이는 우리가 정보를 소비하고, 세상을 이해하는 방식에 대한 근본적인 변화를 의미한다. 미디어가 메시지가 되는 이 새로운 AI 시대에, 이제는 우리가 더욱 풍부하고 개인화된 미디어 경험을 누릴 수 있게 되었다. 동시에 이러한 변화가 가져올 사회적, 윤리적 영향에 대해서도 깊이 고민해야 할 것이다.

협력적 미디어 생태계의 등장

오늘날 이와 같은 AI 기술의 진화는 미디어 창작 과정 전반에 큰 변화를 불러일으키고 있다. 대량의 데이터를 신속하게 분석해 트렌드나 소비자 성향을 파악하는 AI는, 창작자가 미처 발견하지 못했던 새로운 통찰을 제공하여 더욱 참신한 아이디어를 떠올릴 수 있도록 돕는다. 동시에 AI는 편집, 자막·더빙, 데이터 정리 등 반복적이고 시간이 많이 소요되는 업무를 자동화함으로써, 창작자가 스토리텔링과 예술적 감각에 집중할 수 있는 여건을 만들어 준다. 이는 곧 인간의 창의성과 AI의 분석·자동화 능력이 어우러지는, 이른바 '협력적 미디어 생태계'가 빠르게 자리 잡는 흐름으로 이어진다.

콘텐츠 생성 자동화 Make 활용 예시

이러한 협력은 텍스트·이미지·음성·영상 같은 멀티모달 콘텐츠를 구성하는 과정에서 더욱 극적으로 드러난다. 예컨대 블로그 포스팅에 필요한 글을 생성형 AI가 작성하는 동안, 별도의 영상·이미지를 생성해 주는 AI 서비스와 연동하여 시각적 효과까지 일관성 있게 만들어 낸다. 여기에 Zapier, Make, N8N 같은 자동화 툴을 결합하면, 제작과 배포 전 과정이 유기적으로 연결된 새로운 창작 환경이 완성된다.

사용자가 특정 콘텐츠를 시청할 때마다 SNS나 뉴스레터로 자동 알림이 전송되고, 나아가 조회수·댓글 등 실시간 반응이 쌓이면 이를 분석해 다음 콘텐츠 기획에 반영할 수 있는 것이다. 이렇게 빠르고 탄력적인 워크플로가 구축되면서, 미디어 창작은 과거에는 불가능했던 속도와 스케일로 이루어지고 있다.

또한, 영상 제작 분야에서도 AI를 활용한 실시간 피드백 체계가 나타나고 있다. 다양한 플랫폼에 업로드된 영상은 순간 시청자 이탈율, 댓글 반응, 재생 유지율 등을 측정하여 콘텐츠 제작자에게 끊임없이 새로운 개선점을 제시한다. 특정 시점에 급격히 시청 이탈이 이루어진다면, 그 원인을 분석해 다음 영상에서는 보다 강렬한 시각 효과나 이야기를 초반부에 배치하도록 유도하는 식이다. 또한, 색 보정이나 음향 효과 같은 후반 작업도 AI가 지원해 주어, 실시간 최적화가 가능해진다. 덕분에 창작자는 제작 디테일에 집착하기보다, 더욱 독창적인 콘셉트나 주제 기획에 집중할 수 있게 된다.

Google의 AI 영상 생성 서비스 'Veo 2' (출처: Google Labs)

이처럼 인간과 AI가 긴밀히 협력하는 과정은 미디어 업계에 새로운 가능성을 열어 놓고 있다. 창작자는 AI의 도움을 받아 작업 효율과 완성도를 높이면서도, 창의성과 예술성을 발휘할 여지를 잃지 않는다. 소비자 역시 점점 더 풍부해지는 미디어 경험 속에서, 개인 맞춤형이면서도 신선한 시도를 담은 콘텐츠를 즐길 수 있다. 이는 단순한 기술 혁신을 넘어, 미디어 플랫폼이 인적·기술적 역량을 융합하여 더욱 책임감 있고 창조적인 생태계를 마련해 간다는 점에서 의의가 깊다. 앞으로도 지속될 이러한 흐름은, 협력과 공존을 기반으로 한 새로운 미디어 환경을 더욱 빠르게 확산시키며, 미디어 제작과 소비의 미래를 한층 다채롭고 유연한 형태로 발전시켜 갈 것이다.

AI 미디어의 미래와 책임

AI와 미디어의 융합은 계속해서 확장될 것이며, 그 결과 미디어의 정의와 역할은 더욱 복잡하고 다층적으로 변할 것이다. AI 기반 미디어는 단순한 정보 전달의 도구를 넘어, 사용자 경험의 중심에서 활동하며 개인화된 메시지를 생성하는 역할을 하게 된다.

이와 같이 AI 발전으로 인한 '미디어와 마케팅의 패러다임 변화'는 사회적 영향력이 큰 분야로, 사용자에게 정확하고 공정한 정보를 제공하며, 편향과 왜곡을 방지하기 위한 노력과 함께, AI의 역할을 재정의하며, 창작 과정과 소비 방식을 더욱더 근본적으로 변화시킬 것이다. 미디어 플랫폼이 단순한 전달자의 역할을 넘어 사용자 경험의 일부로 기능하게 된 이 시대에, AI와 인간의 협력은 더욱 창의적이고 혁신적인 미디어 환경을 구축하는 열쇠가 될 것이다.

6장
2025년 AI 트렌드 5가지 키워드

2025년은 2024년에 이어, 생성형 AI 기술과 관련된 혁신이 가속화되며, IT 산업은 물론 다양한 분야에서 AI 기반 기술의 적용이 더욱 심화될 전망이다. 2024년까지의 기술 트렌드는 생성형 AI와 LLM(대규모 언어 모델) 중심의 생태계로 발전하였다. 2025년에 접어들면서 더욱 생성형 AI의 진화는 다양화된 방향으로 고도화되고 있으며, 기존 기술을 활용한 응용 및 새로운 기술 트렌드로 확장되고 있다.

본 장에서는 이러한 변화를 중심으로 2025년 AI 기술 트렌드의 내용 중에서 5대 주요 키워드를 선정하여, 각 키워드가 의미하는 바를 다루어 보고자 한다.

6.1
AI Agent(AGI)로의 진화

검색의 시대를 돌아보다

 2025년은 AI 기술의 진화가 새로운 국면을 맞이하는 해가 될 것이다. 그 중심에는 AI Agent(에이전트)의 진화가 있다. 초기의 AI Assistant들이 간단한 명령 수행이나 정보 제공에 그쳤다면, 2025년 이후의 AI 에이전트는 개인의 삶과 업무에서 진정한 동반자로 자리 잡을 가능성이 크다.

 검색이라는 행위는 과거 인터넷의 시작점이자 핵심적인 축이었다. 우리는 정보를 찾기 위해 구글이나 네이버를 이용하는 게 일상이었고, 모바일 시대에 들어서는 개별 앱에서 분산된 검색이 지배적이었다.

 인터넷 초창기에는 한곳에서 모든 것을 처리하는 중앙집중형 검색 구조였다. 하지만 모바일로 넘어오면서 상황이 달라졌다. 배달 정보를 찾으면 배달 앱으로, 맛집은 지도 앱이나 인스타그램으로 이동하는 방식으로 변화되었다. 이러한 'Vertical Search' 방식은 각 서비스 내부에서 이루어졌다.

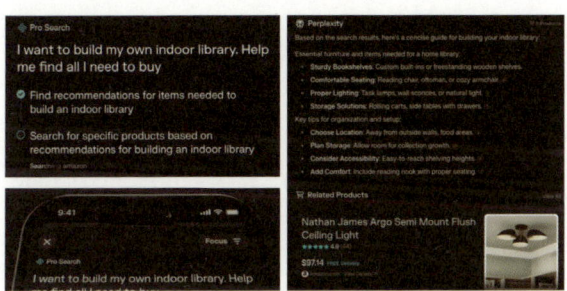

Perplexity AI Shopping (출처: Perplexity 홈페이지)

　결국 이러한 변화는 2024년도에 이어 2025년도에 생성형 AI가 가져올 다음 단계로 이어지고 있다. 바로 'AI 에이전트'의 등장으로 검색의 개념 자체가 바뀔 것이다. 인스타그램에서 맛집을 찾는 데 그치지 않고, 검색 이후 예약까지 해 주는, 개인에게 완결적인 서비스에 해당하는 행동을 제공하는 방식이다. AI 검색이 Vertical App과 결합하면서 검색과 행동이 하나의 흐름으로 이어질 것으로 보인다.

　이처럼 AI 에이전트는 인간과의 상호작용을 통해 단순히 명령을 수행하는 데 그치지 않고, 사용자의 의도를 파악하고 예측하며, 복잡한 작업을 자동화하는 능력을 갖추게 될 것이다. 이는 퍼스널 AI 에이전트(PAA: Personal AI Agent)와 비즈니스 AI 에이전트(BAA: Business AI Agent)로 구분되며, 다양한 영역에서 혁신을 불러일으킬 것으로 전망된다.

AI 양대 기업 Google과 OpenAI (출처: Google, OpenAI)

최근에는 생성형 AI 서비스와 관련하여 소리 없는 전쟁과도 같은 시기를 보내고 있다. 대표적인 두 AI 거인의 경쟁 때문이다. 특히, 2024년 12월은 인공지능(AI) 기술의 발전에서 중요한 이정표로 기록될 만한 시기이다.

Google과 OpenAI는 각각의 최신 AI 모델과 도구를 발표하며, AI의 가능성을 한 단계 더 끌어올렸다. 두 기업은 각기 다른 접근 방식으로 AI의 미래를 형성하고 있으며, 이들의 경쟁은 기술적 혁신뿐만 아니라 인간 삶에 미칠 영향력에서도 주목받고 있다. 그 주요한 내용을 먼저 다루어 보고자 한다.

Google: Gemini 2.0, Agentic 시대를 열다

구글은 2024년 12월 11일, 자사의 가장 강력한 AI 모델인 Gemini 2.0을 공개했다. 이 모델은 단순히 데이터를 처리하는 것을 넘어, 사용자를 대신해 생각하고 행동할 수 있는 '에이전틱(Agentic)' 기능을 강조한다. Gemini 2.0은 다중 모달리티(Multi Modality)를 기반으로 텍스트, 이미지, 오디오 등 다양한 입력과 출력을 자연스럽게 처리하며, 네이티브 도구 사용 능력을 갖추고 있다.

Google Gemini 2.0 (출처: Google)

Multi Modal 지원으로 텍스트, 이미지, 오디오, 영상 등의 입출력 및 실시간 스트리밍 데이터를 활용해 Google 검색, 지도, 렌즈 등의 도구와 통합된 작업 수행 또한 가능해졌다.

이와 더불어 Deep Research 기능 지원으로 복잡한 주제를 탐구하고 보고서를 작성하는 연구 보조 역할을 수행할 수 있게 되었다. 특히 이번에 발표한 내용 중, 'Project Astra'는 실제 환경에서 Multi Modal 이해를 활용하는 AI 에이전트로, 여러 언어를 유창하게 구사하며, 사용자와의 대화를 더욱 자연스럽게 만들어 최대 10분간의 세션 메모리를 통해 개인화된 서비스의 경험을 제공한다고 발표하였다.

Google의 'Project Astra' 시연 장면 (출처: Google)

특히, 발표 내용 중 주목할 만한 점은, 'Project Astra(프로젝트 아스트라)'와 'Project Mariner(프로젝트 마리너)'의 내용이다. 이들 프로젝트의 공통점은 AI 어시스턴스와 관련된 AI 에이전트 프로토타입으로, Project Astra는 PC 또는 스마트폰의 카메라를 통하여 주변의 상황을 보고 추론할 수 있는 경험을 제공하는 서비스이며, Project Marine는 브라우저에서 시작해 인간과 에이전트 간 상호작용의 모습을 제시하는 AI 에이전트이다. 또한, 'Project Jules(프로젝트 쥴스)'는 개발자를 지원하는 AI 기반 코드 에이전트로, 다음은 AI 에이전트 시대라는 것을 증명이라도 하는 듯 AI 모델과 서비스 고도화를 통해 사용자 경험을 축적하고 있다.

이러한 Google의 Gemini 2.0의 발전과 발표 내용은 현재 개발자와 신뢰할 수 있는 테스터들에게 우선적으로 제공되어, 2025년부터 Google 제품 전반에 통합되어 서비스될 것으로 보인다. 특히 Google은 이 모델을 통해 '보편적 어시스턴트'라는 비전을 실현하고자 한다.

Open AI: 12 Days of OpenAI와 새로운 지평을 제시

이와 더불어 OpenAI는 2024년 12월 5일부터 시작된 '12 Days of Open AI' 이벤트를 통하여, 매일 새로운 AI 기술과 업데이트를 발표하였다. 이 이벤트는 AI 기술의 다양성과 가능성을 보여 주는 자리로, 특히 Text to Video 생성 도구인 'Sora AI'와 새로운 추론 모델 'o1 Pro 모델' 서비스 오픈으로 주목을 받고 있으며, 필자가 제시한 AI 2025년 트렌드의 5대 키워드 중인 하나인 'LLM의 지속적 발전과 다변화' 모델의 측면에서, 인간의 추론을 넘어선 'o3 모델' 발표 등이 그 중심에 있었다. OpenAI의 'o3 모델'의 내용은 뒤에서 추가적으로 다루어 보겠다.

OpenAI 'Sora AI' (출처: OpenAI)

2024년 12월, OpenAI의 Sora AI와 o1 Pro 모델의 발표는 AI 시장의 방향성을 제시하는 것과 같았다.

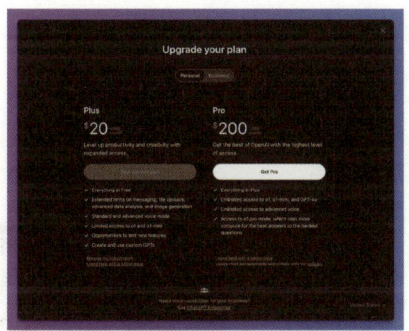

OpenAI 구독 요금제 (출처: OpenAI)

이와 함께 주목받았던 o1 Pro 모델은 복잡한 문제 해결 능력을 강화한 새로운 방식의 AI 모델이다. 물론 구독 비용이 $200이라 다른 Pro 모델에 대비하여 비용이 과도하다는 해석도 있지만, 과학·수학·코딩 등의 분야에서 기존의 모델보다 훨씬 뛰어난 성능을 보이고 있으며, 미국 수학 올림피아드 예선 상위권에 해당하는 수준의 문제 해결 능력을 검증하여 그 능력을 이미 현실적으로 입증하였다.

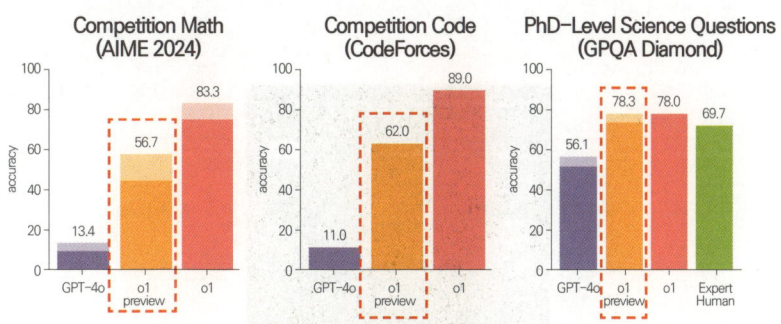

OpenAI의 'o1 Pro 모델' 미국 수학경시대회 벤치마크

또한, OpenAI의 ChatGPT는 Anthropic Claude의 'Artifacts' 기능과 유사한 'Canvas' 기능 제공과 함께 'Video Advanced Voice' 기능을 통해, 이제는 눈을 가진 AI로 발전하고 있다. 이렇게 생성형 AI 모델에 눈을 가짐으로써, 실시간 비디오를 통한 대화가 가능해졌으며, 사용자는 이제 ChatGPT를 통해 더욱 정교한 작업을 수행할 수 있도록 발전된 모습을 볼 수 있었다.

OpenAI '12 Days of OpenAI' & Video Advanced Voice (출처: OpenAI)

Open AI는 또한 2024년 12월 크리스마스 테마 인터페이스와 같은 소소한 업데이트도 선보이며, 사용자 경험을 개선을 통해 시장 경쟁력을 확보하려는 노력을 보이고 있다.

이 모든 지난 발표들의 내용은 OpenAI가 단순한 언어 모델에서 빗어나 다기능 에이전트로 진화하고 있음을 보여 주는 대표적인 사례이며, 생성형 AI의 발전 방향성을 볼 수 있다고 생각되는 부분이다.

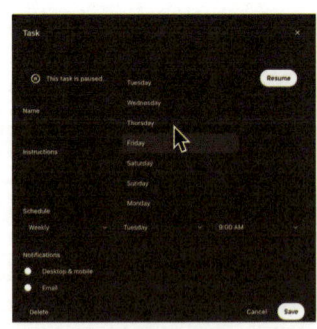

OpenAI의 Agent UI (출처: OpenAI)

웹을 알아서 탐색하는 AI Agent - Operator

또한, 최근 2025년 1월 23일 OpenAI는 'Operator'라는 혁신적인 AI 에이전트를 발표하였다. 이 에이전트는 단순한 대화형 AI를 넘어, 실제로 사용자의 지시를 받아 가상화 기반의 웹 브라우저를 통해 다양한 작업을 자동화하는 능력을 갖추어, Operator는 사용자와 직접 상호작용하며, 사용자를 통해 입력 된 프롬프트를 통해 작업을 조율하고 결과를 제공하는 방식이다.

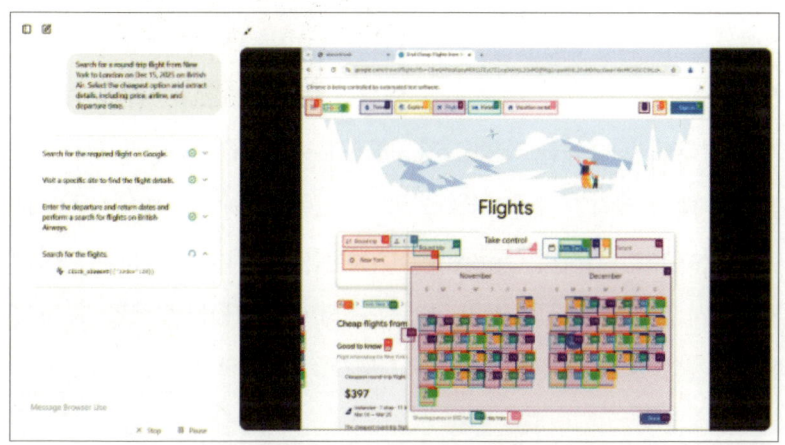

OpenAI 'Operator' (AI Agent) 서비스 UI (출처: Operator)

현재 발표된 Operator는 GPT-4o 모델을 기반으로 한 Computer-Using Agent(CUA) 기술을 활용하여, 웹사이트의 그래픽 사용자 인터페이스(GUI)를 통해 사람처럼 버튼을 누르거나 텍스트를 입력하며 작업을 수행하는 AI Agent 방식이다. 예를 들어, 위의 예시 그림과 같이 사용자는 "항공권을 예약해 줘" 또는 "장보기 목록으로 식료품 주문해 줘"와 같은 명령을 입력하면, Operator가 자동으로 해당 작업을 수행하게 된다.

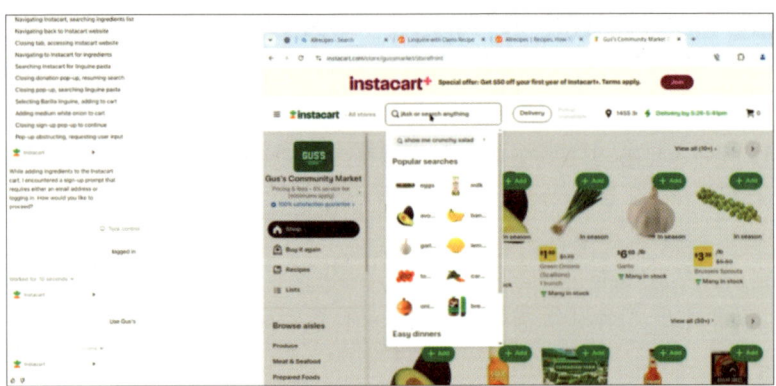

OpenAI 'Operator' (AI Agent) 서비스 UI (출처: Operator)

이는 사용자의 생산성 향상에 기여하고, 반복적이고 번거로운 작업을 간소화하는 데 큰 도움을 주는 역할을 하게 함으로써, 특히, 기업과 개인 모두에게 다양한 작업을 자동화하고 업무의 효율성과 생산성을 높이는 데 실제적인 수행 역할을 할 수 있는 가능성을 직접적으로 보여 준다. OpenAI사의 Operator의 등장은 AI 기술이 단순한 데이터 처리에서 벗어나 실제 우리의 삶에서 유의미한 행동을 수행할 수 있는 단계로 진입했음을 시시히고 있다고 평가할 수 있다.

결과적으로, AI의 미래를 향한 글로벌 AI 기업인 OpenAI 와 Google은 각 사의 기술적 강점을 바탕으로 AI 혁신을 주도하고 있다. Google은 Gemini 2.0을 통해 Agent 시대를 열며, 사용자 중심의 보편적 어시스턴트를 목표로 하고, OpenAI는 인간의 추론 능력을 넘어서는 o1 Pro와 o3 모델 그리고 Operator 등의 발표로 추론, 창작 그리고 문제 해결 능력, 에이전트 등의 기능을 강화하며 새로운 발전 가능성과 함께 생성형 AI 방향성을 지속적으로 제시하고 있다.

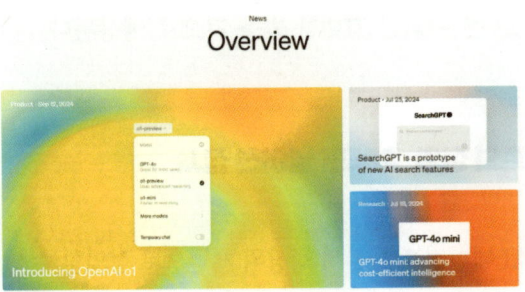

OpenAI의 o1 Pro 모델 소개 (출처: OpenAI)

국내에서도 최근(2024년 11월) SK텔레콤이 AI 에이전트인 'Aster' 발표를 통해, 기존 AI와의 차별점은 수행(Action)에 있다고 밝힌 것처럼, AI 에이전트는 단순히 정리·요약하는 것을 넘어, 식당 예약과 물건 구매, 일정 조율 등 PAA가 나를 대신해 업무를 수행하는 단계인 'Agentic AI'를 지향한다고 보아야 할 것이다. 이와 같이 AI 에이전트는 수행 비서로서의 역할을 수행하는 것 이상으로의 형태로 진화·발전될 것으로 보인다.

SK텔레콤의 AI 에이전트 'Aster' (출처: SK텔레콤)

앞에서 제시한 기업 이외에도 Microsoft, Meta, Nvidia 등 AI 경쟁은 단순히 기술적 우위를 가리는 것을 넘어 인류가 AI와 함께 살아가는 방식을 재정립하는 데 기여하고 있으며, 앞으로도 이들의 행보는 전 세계적으로 큰 관심과 기대를 받을 것으로 예상된다.

AI 에이전트의 정의: 검색을 넘어선 집사

"그럼, AI 에이전트를 검색의 상위 개념으로 정의할 수 있을까?"

답변을 하면, "그렇다." 이제 AI 에이전트는 단순한 정보 탐색 도구가 아니라, 사용자의 요구를 이해하고 목표를 달성하기 위한 행동까지 수행하는 존재인 것이다. 예를 들어, 문서를 작성한다고 하면, 에이전트는 워드를 열고, 필요한 자료를 검색하고, 내용까지 정리해서 넣어준다. 결국 사용자는 '문서 작성'이라는 목표만 설정하면 되는 것이다.

여기에서 중요한 차이는 자율성과 능동성이다. 기존의 AI 어시스턴트가 명령에 반응하는 '비서'라고 한다면, AI 에이전트는 사용자의 행동을 예측하고 먼저 제안하는 '집사'와 같은 개념이다. 여행 에이전트를 예로 늘면, 식당 예약에 있어 이미 풀 부킹인 레스토랑에 예약 가능한 자리가 나타나게 되면 사용자에게 액티브하게 알려 주고, 대안을 제공하는 수준까지 진화하는 것을 말한다.

결국 앞선 예와 같이 예약의 상황을 인지하기 위해서는, AI 에이전트가 기본적으로 검색을 수행하면서 진행해야 한다. 하지만 AI 에이전트는 검색을 도구로 활용할 뿐, 핵심은 '목적 달성'이다. 사용자가 필요로 하는 정보를 스스로 파악하고, 목표를 달성하기 위해 여러 도구를 호출하거나 연결하는 것이 핵심이며, 검색은 과정일 뿐, 결과는 '행동'으로 이어지게 하는 것이 AI, 에이전트의 목표인 것이다.

> "AI 에이전트의 등장은 Search(검색)의 시대에서
> Ask(질문)의 시대로 변화함을 의미한다."

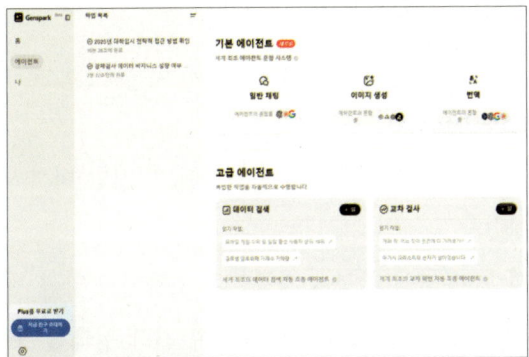

Genspark AI의 에이전트 서비스 (출처: Genspark)

사용자가 "알아서 처리해 줘"라고 요청하면 AI는 필요한 데이터를 수집하고 행동까지 완결하게 된다. Google이나 Naver 같은 전통적인 검색 엔진은 이 새로운 패러다임에 적응해야 하는 도전에 직면하고 있으며, 이러한 도전의 성공 여부에 따라 전통적인 검색 엔진에게는 기회이자 위기가 될 것이다.

개인과 기업을 아우르는 AI 에이전트

이러한 AI 에이전트의 활용은 개인(PAA: Personal AI Agent)과 기업(BAA: Business AI Agent)으로 구분된다.

개인 AI 에이전트(PAA)는 사용자의 일상에 깊숙이 들어가 생활을 돕

는 에이전트로 발전해 나갈 것이다. 일정 관리, 쇼핑, 건강 모니터링 등 다양한 분야에서 사용자 맞춤형 행동을 수행하는 형식이다. 반면, 비즈니스 AI 에이전트(BAA)는 기업 업무를 자동화하고 최적화하는 데 초점을 맞추는 것을 의미한다. 예를 들어 ERP, 회계, HR 등의 업무를 AI가 맡아 처리해 주는 형식이라고 이해하면 된다.

퍼스널 AI 에이전트(PAA)

개인의 생활에서 다양한 역할을 수행하며, 디지털 비서 이상의 가치를 제공하게 된다.
- **일정 관리**: 사용자의 일정을 자동으로 조율하고 알림 제공
- **건강 관리**: 웨어러블 기기와 연동하여 건강 상태를 모니터링하고 운동 계획을 추천
- **스마트 홈 제어**: 스마트 기기와 연동하여 조명, 온도, 보안 시스템 등을 관리

비즈니스 AI 에이전트(BAA)

기업 환경에서 업무 생산성을 높이고, 조직 운영의 효율성을 지원하는 실제적인 역할을 수행하게 된다.
- **데이터 분석 및 보고**: 실시간으로 데이터를 수집, 분석하여 경영진에게 보고서를 제공
- **고객 지원**: 기존 CTI 시스템과 통합되어, AI 에이전트가 고객 응대를 통해 문의를 해결하고, 복잡한 문제는 사람이 개입하여 해결하는 형식으로 발전

Nvidia의 시각적 AI Agent 활용 사례 (출처: Nvidia)

여기서 중요한 포인트는 '초자동화'와 '초개인화'이다. 이전에도 다루었던 내용처럼, '초자동화'와 '초개인화'는 AI 에이전트를 통해 더욱더 구체적으로 개인화된 데이터를 학습하여 사용자의 니즈를 예측하고, 자동화된 행동을 통해 시간을 절약하는 역할을 수행해 줄 것이다. 결국, 기업 같은 경우는 비용 절감과 업무 효율화, 생산성 등 측면에서의 경험을 제공받을 수 있게 될 것이다.

Master Agent(마스터 에이전트)와 Sub Agent(서브 에이전트)의 공존

"그럼, AI 에이전트의 구조는 어떻게 될까?"

마스터 에이전트는 모든 작업을 총괄하고 조율하는 중심 역할을 하는 에이전트를 의미한다. 사용자가 마스터 에이전트에 목표를 설정하면, 마스터 에이전트는 필요한 서브 에이전트들을 호출하여 작업을 수행하는 방식이다. 반면 서브 에이전트는 특정 영역이나 기능에 특화된 에이전트이다. 예를 들어, 쇼핑 서브 에이전트, 금융 서브 에이전트 등과 같은 것이다.

Master Agent(마스터 에이전트)와 Sub Agent(서브 에이전트)의 구조

결국 마스터 에이전트가 중심이 되는 구조지만, 버티컬 에이전트(Vertical Agent), 즉 서브 에이전트는 독립적인 역할을 유지하며 경쟁력을 높이는 형식으로 진화될 것이다. 특정 분야에서 강력한 성능을 제공하는 버티컬 에이전트는 마스터 에이전트에 의존하지 않고 사용자와 직접 연결되는 것이다.

결과적으로, AI 에이전트는 이제 검색을 뛰어넘어 행동을 실행하는 도구로 진화하고 있다. 이 변화는 개인의 일상과 기업의 업무에 혁신을 가져오며, 기술의 핵심은 '목적을 달성하는 능동적 집사'로 자리 잡는다. 마스터 에이전트가 중심이 되고, 각 분야에 특화된 서브 에이전트가 공존하며 AI 에이전트 시대의 새로운 실서를 만들어 갈 것이다.

ChatGPT		AI Agent
텍스트 기반의 대화로 정보 제공, 질문 응답, 글 작성 수행	대화 기반	음성, 텍스트, 이미지 등 다양한 입력 방식 지원, 상호작용 가능
제한적, 주로 내부 데이터와 알고리즘을 기반으로 응답 생성	외부 툴 활용	검색, 메모리, TTS, 생성형 AI 등 다양한 외부툴 및 API 활용가능
사용자의 명시적 명령이 필요, 자율 반복 기능X	자율 반복 기능	목표 달성까지 AutoGPT 같은 기술을 통해 셀프프롬프팅 가능
제한적인 내부 메모리만을 사용하므로, 지속적 정보 보존 및 활용 어려움	장기 기억 능력	메모리 접근을 통해 장기기억능력이 향상되어 태스크 처리 능력 ↑
사용자 맞춤형 학습능력이 제한적임	사용자 경험 향상	상호작용을 통해 선호도, 행동패턴을 학습하고, 맞춤형 서비스 제공 가능

ChatGPT vs AI Agent (출처: ABLEARN)

AI 에이전트의 핵심 특징

사용자 중심의 개인화

AI 에이전트는 사용자의 행동 데이터를 학습하여 개인의 습관, 선호도, 일정 등을 기반으로 맞춤형 서비스를 제공한다. 예를 들어, 아침에 일어날 때 사용자의 일정에 따라 날씨 정보와 필요한 준비물을 알려주는 등 사용자의 라이프스타일에 최적화된 지원을 제공한다.

자율성과 행동 능력

기존의 AI는 사용자의 명령을 기다리는 수동적인 도구였지만, AI 에이전트는 자율성을 갖춘 능동적인 시스템으로 진화하고 있다. 예를 들어, 업무 중 필요한 자료를 미리 준비하거나 이메일을 작성하여 상사의 확인만 기다리는 형태로 효율성을 극대화할 것이다.

다중 서비스 통합

AI 에이전트는 다양한 서비스와의 통합을 통해 복잡한 작업을 단일 플랫폼에서 수행할 수 있다. 예를 들어, 여행 계획을 세우는 과정에서 항공권 예약, 호텔 검색, 일정 조율 등을 통합적으로 처리하게 됨을 의미한다.

실시간 학습 및 적응

AI 에이전트는 사용자의 피드백과 행동 데이터를 기반으로 실시간으로 학습하고 적응한다. 이는 시간이 지날수록 사용자의 요구를 더 잘 이해하고 예측할 수 있는 이유이기도 하다.

이처럼, 2025년은 AI 에이전트가 단순한 보조 도구에서 인간의 일상과 업무를 혁신하는 동반자로 진화하는 해가 될 것이다.

AI 에이전트 기술은 개인화된 경험을 제공하고, 복잡한 작업을 자동화하며, 우리의 삶을 더욱 편리하고 생산적으로 만들 것이다. 단순히 기술 혁신의 산물이 아니라, 인간과 AI가 상호작용하며 공존하는 새로운 시대를 열어 가는 중요한 주역이 될 것이다.

6.2
LLM의 지속적 발전과 다변화

LLM의 고도화: 양질의 데이터를 향한 끝없는 진화

2024년도에 이어 2025년에도, LLM(Large Language Model)은 꾸준히 발전할 것이다. OpenAI의 GPT-4, GPT o1 Pro 그리고 GPT-5 등 AGI 기반의 모델로 이어지는 대규모 언어 모델의 진화는 고품질 데이터와 사용자 피드백 데이터를 기반으로 이루어질 것이다.

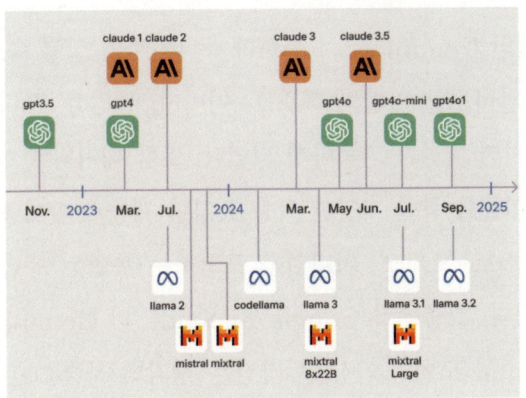

대표적 LLM 모델의 발전 현황 (출처: Toss Tech)

이러한 LLM의 성능은 양질의 데이터를 얼마나 잘 학습하느냐에 따라 결정되는데, 이를 위해 기업들은 더 많은 투자와 노력을 기울이고 있는 실정이다. 예를 들어, AI 모델의 할루시네이션(환각) 문제를 줄이기 위해 보다 정교한 데이터 세트를 사용하거나, 특정 산업에 최적화된 데이터를 추가적으로 학습시키는 사례가 늘어나고 있다.

2024년 12월 기준, Google과 OpenAI의 LLM 모델의 발표는 이후 생성형 AI 모델에서의 LLM 발전 방향성을 충분히 짐작할 있는 부분이다. 발표된 모델의 내용을 조금 구체적으로 살펴보면 아래와 같다.

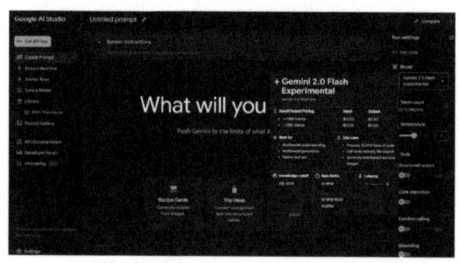

Google AI Studio의 'Gemini 2.0 Flash Experimental' 모델 (출처: Google)

기존 모델인 Gemini 1.5 Pro보다 두 배 빠른 실행 속도를 제공함과 동시에 멀티모달 기반의 텍스트, 이미지, 동영상, 오디오 등 다양한 입력 데이터 처리가 가능하게 되었다. 또한 네이티브 이미지 및 오디오 생성 기능을 통한 다양한 사용자 경험 제공과 함께 단일 API 호출 통한 텍스트, 오디오, 이미지를 포함하는 통합된 응답 생성이 가능하게 되었다. 그중에서 Google AI Studio의 Gemini 2.0 Flash Experimental 모델의 가장 큰 장점은 '생각의 사슬(COT)' 추론 방식 사용으로 프로그래밍, 물리학, 수학 등 복잡한 문제 해결이 가능해졌다.

특히, 최근에 공개된 OpenAI의 o1, o3-mini, o3-mini-high 모델과 더불어, 2025년 1월 20일 중국의 DeepSeek에서 발표한 R1 같은 대규모 언어 모델들은 기존 LLM(대규모 언어 모델)의 발전 방향에 새로운 접근법과 가능성을 제시하고 있어 주목할 만하다.

대표적으로, DeepSeek R1과 OpenAI o1 모델은 모두 수학, 코드 작성, 추론 등의 작업에서 뛰어난 성능을 보이고 있다.

특히, DeepSeek의 R1 모델은 6,710억 개의 파라미터를 보유하고 있으며, Mixture-of-Experts (MoE) 기법을 활용해 비용 대비 OpenAI의 o1 모델과 유사한 성능을 구현했다는 점에서 주목받고 있다.

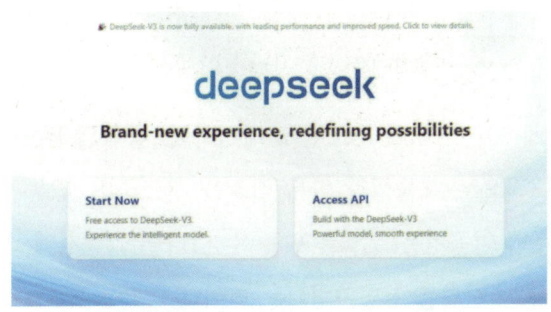

DeepSeek AI 서비스 Web UI (출처: DeepSeek)

물론 보안 이슈를 비롯한 여러 논란이 뒤따르는 것도 사실이다. 다만 우리가 주목해야 하는 부분은 OpenAI의 o1 모델과 비교하여 손색이 없다고 평가되는 DeepSeek 모델이 오픈소스 형식으로 전 세계 개발자들이 쉽게 접근하고 활용할 수 있다는 점과, 다음의 표에서 전달하는 내용과 같이 글로벌 빅테크 같은 대규모 투자가 아닌 어느 정도 규모의 투자만으로도 OpenAI의 o1과 유사한 성능의 추론 능력을 갖춘

AI 모델을 개발할 수 있다는 가능성을 열어 주었다는 것이다. 이러한 측면에서 AI 기술의 민주화를 촉진하는 중요한 계기가 되었다고 평가할 수 있다.

항목	DeepSeek R1	OpenAI o1
파라미터 수	6,710억(MoE 기법 활용)	전통적인 아키텍처 (공식적으로 공개되지 않음)
GPU 모델	Nvidia H800(crippled)	Nvidia A100/H100
GPU 수	2,048 개	많은 수의 GPU 사용으로 추정 (공식적으로 공개되지 않음)
훈련 시간	약 2개월	90~100일 이상
훈련 비용	약 5.58백만 달러	DeepSeek보다 높을 것으로 추정 (공식적으로 금액 미공개)
효율성	비용 효율적, 적은 리소스로 높은 성능 확보	대규모 리소스를 활용한 성능 확보

DeepSeek R1 vs OpenAI o1 모델 비교

결과적으로 OpenAI o1 모델에 대비하여, 중국의 DeepSeek R1 모델은 상대적으로 효율성과 비용 절감을 강조하며, 적은 리소스로도 뛰어난 성능의 인공지능 모델을 만들 수 있다는 가능성에 대하여 글로벌 시장에 큰 메시지를 전달하였다는 점이다.

OpenAI의 'o3-mini' 모델 발표

이와 함께, 2025년 2월 OpenAI 'o3-mini'와 'o3-mini-high' 모델의 발표는 AGI라는 기술적 한계를 넘어섰다고 본다. 특히, 해당 모델의 근간이 되는 o3 모델에서는 추론 능력을 평가하는 ARC AGI의 수치가 87.8% 능력으로 인간의 추론 임곗값인 85%를 넘어서며, AGI(Artificial General Intelligence)에 도달했다고 평가받고 있다. 모든 학문 영역을 포괄하며, 박사급 수준까지 도달했다고 볼 수 있다.

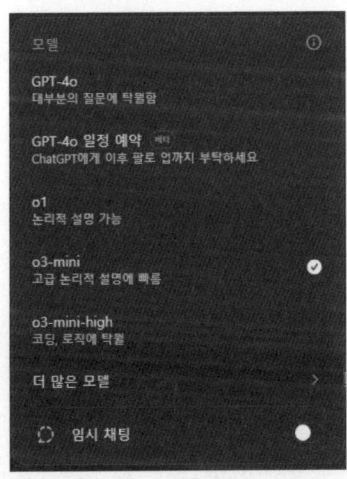

OpenAI의 'o3-mini' 및 'o3-mini-high' 모델 서비스 UI (출처: OpenAI)

이는 인간이 관리하기 어려운 수준까지 성능이 향상되었다는 의미로 인공지능의 발전이 ASI(Artificial Super Intelligence)를 향해 나아가는 단계로 진입하고 있다고 볼 수 있다.

이러한 변화들은 단순히 텍스트 데이터를 학습하는 것을 넘어, 다양한 산업 분야의 전문 지식을 통합하여 더욱 정교한 응답을 제공하는 방향으로 이어질 것이다. 특히, 법률, 금융, 의료, 교육 등과 같은 전문 분야에서 특화된 데이터를 학습한 AI는 사용자의 요구에 더 깊이 부합하는 서비스를 제공할 것으로 보인다.

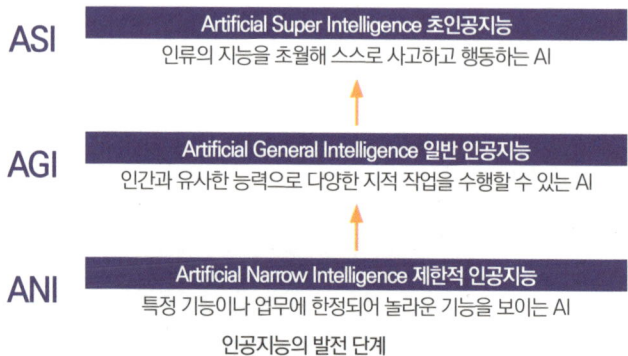

인공지능의 발전 단계

* ARC(Alignment Research Center) AGI란?

인공지능(AI)이 특정 수준에 도달했음을 측정하거나 평가하기 위해 사용되는 지표 또는 개념으로, 해당 수치는 인공지능이 인간 수준의 일반 지능(Artificial General Intelligence, AGI)을 갖추었는지, 또는 이에 근접했는지를 나타냄을 의미한다. ARC는 AI의 안선성과 윤리적 활용에 초점을 맞춘 연구기관이기 때문에, 이 수치는 단순한 기술적 능력 평가를 넘어 AI의 잠재적 영향력과 리스크 관리 가능성도 포함하는 의미를 가질 수 있다.

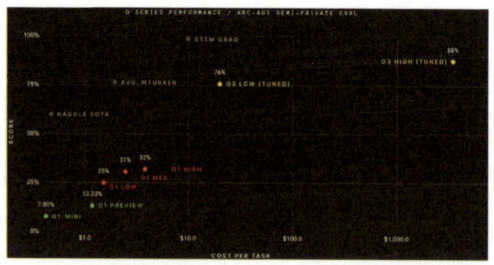

OpenAI의 'o3' 모델의 ARC AGI 수치

이처럼 2024년도 후반부터 2025년도 상반기까지의 상황을 보았을 때, 글로벌 AI 업계들의 경쟁은 뜨겁게 달아올랐다고 해도 과언이 아니다. Google의 Gemini 2.0 Flash Experimental, OpenAI o3, 중국의 DeepSeek 등 더욱 발전된 AI 모델들이 연이어 발표되면서, 우리는 AI의 미래가 단순한 기술의 진보를 넘어 우리의 일상에 어떤 모습으로 진화될 것인지에 대한 그 윤곽을 엿볼 수 있게 되었다.

추론의 시대: AI가 생각하기 시작하다

상상해 보자. 여러분의 스마트폰이 단순히 명령을 수행하는 것을 넘어, 복잡한 문제를 여러분과 함께 고민하고 해결책을 제시하는 모습을….

앞선 '(그림) OpenAI의 'o3' 모델의 ARC AGI 수치'와 같이 o3 모델은 ARC AGI 벤치마크에서 87.5%라는 놀라운 점수를 기록했다. 이는 단순한 숫자 이상의 의미를 갖는다. AI가 인간 전문가 수준의 추론 능력을 갖추기 시작했다는 신호이다.

이처럼 2025년으로 접어들면서, AI 모델들은 더욱 전문화되고 효율적으로 진화하게 될 것이다. 거대한 범용 모델들이 여전히 중요한 역할을 하겠지만, 특정 산업과 과제에 특화된 모델들의 등장 또한 두드러질 것이다. 예를 들어, 의료 진단, 금융 사기 탐지, 공급망 최적화 등 각 분야에 맞춤화된 AI 솔루션들이 빠르게 발전할 것으로 예상된다.

산업별로 특화된 Vertical(수직적) LLM의 부상

또한, 2025년은 'Vertical LLM'의 시대라 해도 과언이 아니다. 기존의 방대한 데이터와 엄청난 비용이 들어가는 LLM이 아닌, 특정 업종이나 회사 업무에 적합한 sLM이 좀 더 실용적인 차원에서 날로 확산되고 있다. LLM이 전문 지식뿐만 아니라 범용의 폭넓은 정보를 전달하기 위한 수평적(Horizontal) AI라면, sLM 위주의 특정 용도를 겨냥한 맞춤형 AI는 이른바 수직적(Vertical) AI라고 할 수 있다.

대형언어 모델과 소형언어 모델 비교

구분	대형언어 모델	소형언어 모델
매개변수	수천억~수조 개	수십억~수백억 개
용도	범용 고성능 AI	특정 목적 AI
멀티모달	O	X
비용	높음	낮음
속도	느림	빠름
연산	클라우드 GPU 필요	온디바이스 가능

주요 소형언어 모델

모델	파이-3	라마-3	제미나이 나노
개발사	MS	메타	구글
매개변수	38억 개 (파이-3 미니)	80억 개 (라마-3 8B)	18억 개

주요 대형언어 모델

모델	GPT-4o	제미나이 울트라
개발사	OpenAI	구글
매개변수	약 1조 개 추정	1조 7,500억 개 추정

LLM vs. sLM 비교

이러한 Vertical AI는 우리나라 등 AI 후발국으로선 글로벌 빅테크에 맞서 경쟁력을 키울 수 있는 대안으로 제시되고 있는 상황이다. 기존의 범용 LLM은 다양한 산업 분야에서 기본적인 성능을 제공하는 형태였다면, 이제는 특정 산업군에서 요구하는 맞춤형 AI 모델이 중요해지고 있다는 것이다. 이를 통해 각 산업별로 최적화된 LLM이 특화되어 개발되고, 이러한 모델은 기존보다 더 적은 비용으로도 Fine Tuning 및 RAG 등과 같은 방법론을 활용하여 높은 성능을 제공할 수 있도록 발전되고 있다.

이와 관련하여, Apple은 2024년 4월 새로운 AI 모델인 'Open

ELM(Efficient Language Models)'를 공개하여 sLM 시장에 도전장을 내밀었으며, 마이크로소프트도 OpenAI와 협력하여 'Phi-3 Mini' 경량화 언어 모델을 시장에 출시하여 경쟁에 합류하고 있다.

순위	모델명	Elo 점수	기관명	라이선스	지식 컷오프
1	GPT-4-Turbo-2024-04-09	1,257	OpenAI	독점 폐쇄소스	2023.12.
2	Claude-3 Opus	1,251	Anthropic	독점 폐쇄소스	2023.08.
3	Gemini-1.5-Pro-API-0409	1,248	Google	독점 폐쇄소스	2023.11.
4	Gemini Pro	1,209	Google	독점 폐쇄소스	온라인
5	Llama-3-70b-Instruct	1,207	Meta	Llama 3 커뮤니티	2023.12.
6	Claude-3 Sonnet	1,202	Anthropic	독점 폐쇄소스	2023.08.
7	Command R+	1,192	Cohere	CC-BY-NC-4.0	2024.03.

대규모 언어 모델 시스템 아레나 성능 순위
(출처: Bloomberg, Google Trends)

이러한 형태의 AI 모델들은 이전에서도 언급했던 바와 같이, 환자의 병력을 분석하고 진단 검사 등을 지원하는 AI 모델, 금융 분야에서는 리스크 관리와 투자 전략을 돕는 모델 등과 같이 특정 산업과 특정 분야에 특화된 형식으로 발전할 것이다. 이들은 단순히 언어를 이해하는 것을 넘어, 해당 분야에서 실질적인 가치를 제공할 수 있는 모델로 자리 잡을 것이다.

LLM의 다변화: Small LLM(sLM)의 가능성

대규모 LLM이 모든 문제를 해결할 수 있는 것은 아니다. 특히, On-Device AI가 대두되면서 작은 규모의 LLM, 즉 Small LLM의 필요성이 커지고 있다. Small LLM은 특정 작업에만 집중하도록 설계되어 제한된 컴퓨팅 리소스를 사용하는 환경에서도 높은 성능을 발휘할 수 있기에, 기존 모바일 시장 환경에서의 필요성이 더욱더 가속화될 전망이다.

예를 들어, 스마트폰, TV, 자동차와 같은 디바이스에서는 모든 작업을 처리하는 대규모 LLM보다, 특정 기능에 특화된 SLM이 더 효율적일 것이다. 삼성전자가 개발한 TV의 AI 모델이나 퀄컴의 AI칩셋은 이런 Small LLM의 대표적인 발전 변화의 사례로 볼 수 있을 것이다.

LLM의 진화가 가져올 미래

LLM의 발전은 기술적인 한계를 극복하는 데 그치지 않고, 사회와 경제 전반에 걸쳐 큰 변화를 가져올 것이다. 예를 들어, 앞서 소개한 새로운 Vertical LLM의 등장으로 인해 스타트업 기업들도 자신만의 Niche(틈새시장)를 공략할 수 있는 기회를 얻게 될 것이다. 또한 이러한 기술은 사용자 경험을 혁신적으로 개선하며, 기존의 대규모 AI 서비스와는 다른 차별화된 가치를 제공할 수 있기에 현재의 LLM에서 SLM으로의 진화는 당연한 수순이라고 할 것이다.

마지막으로, LLM의 지속적인 발전은 윤리적 문제와도 깊은 관련이 있다. 앞에서도 다루었던 내용과 같이, 데이터를 수집 및 활용하는 과정에서 프라이버시를 보호하고, AI의 책임성과 투명성을 강화하는 노력이 병행되어야 하며, 2025년은 이러한 기술적 발전과 윤리적 문제 해결이 동시에 이루어지는 중요한 전환점이 될 것이다. 따라서 정부적 차원에서의 제도적 규제로 인한 고민과 검토가 필요할 것이다.

6.3
LMM(Large Multi Modal) 모델로의 성장

LMM 모델의 AI 등장: 기술적 전환점이 될 2025년

2025년은 LMM(Large Multimodal Model, 대규모 멀티모달 모델)이 AI 기술의 판도를 다시 한번 바꿀 시점이 될 것으로 보인다. 기존의 LLM(Large Language Model, 대규모 언어 모델)이 텍스트 데이터를 기반으로 학습하며 언어 중심의 정보 처리를 수행하였던 방식에서 벗어나, LMM은 텍스트, 이미지, 음성, 동영상 등 다양한 유형의 데이터를 통합적으로 학습하고 처리하는 역량을 갖춘 모델로, AI의 가능성을 한 차원 고도화된 형식으로 끌어올릴 것이다.

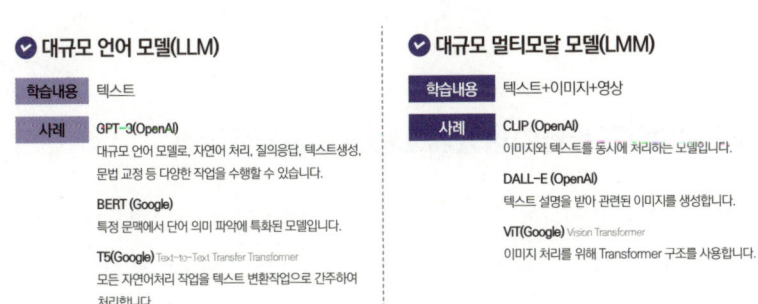

대규모 언어 모델(LLM) vs. 대규모 멀티모달 모델(LMM)

LMM은 단순히 멀티모달 데이터를 다룬다는 기술적 수식어를 넘어, AI가 인간과 더욱 자연스럽게 상호작용하며 실제 세계 문제를 보다 복합적으로 해결할 수 있도록 하는 핵심 도구로 자리 잡을 것이다.

기존 LLM과의 차별화: 데이터를 이해하는 방식의 진화

LLM은 언어 데이터에 특화된 기술로, 텍스트 기반 질문에 대한 답변 생성이나 맥락 분석, 요약 등의 작업을 매우 효율적으로 수행한다. 하지만 LMM은 단순히 언어적 데이터를 넘어, 다양한 형태의 비언어적 데이터를 함께 학습하며 이를 통합적으로 처리하는 새로운 능력을 제공한다.

예를 들어, 기존 LLM은 사용자가 질문하면 텍스트 형태로 답변을 생성하는 데 주력했지만, LMM은 사용자가 사진을 업로드하면 이미지를 분석하고 이를 텍스트 데이터와 결합하여 상황에 맞는 통합적인 답변을 생성하여 답변하게 된다. 이는 사용자가 올린 사진의 특징을 분석해 시각적 정보와 언어적 설명을 결합하거나, 영상 그리고 음성과 텍스트 데이터를 기반으로 상황을 이해하고 정교한 솔루션을 제시할 수 있는 방향으로 점점 더 확장되어 발전할 것이다.

멀티모달 데이터 통합의 중요성: LMM의 기술적 강점

이러한 LMM의 핵심은 서로 다른 유형의 데이터를 통합적으로 이해하고 처리할 수 있는 능력에 있다. 이는 AI가 현실 세계의 복잡한 문제를 보다 정교하고 유연하게 다룰 수 있도록 한다.

- **시각 정보**: 이미지 및 동영상 데이터를 분석하여 특정 상황에 대한 시각적 이해를 돕는다. 예를 들어, 의료 분야에서는 CT 스캔이나 MRI 이미지를 텍스트 데이터와 결합하여 정확한 진단을 가능하게 한다.
- **청각 정보**: 음성 데이터를 텍스트 및 시각 데이터와 결합하여 더 풍부한 맥락을 제공하며, 이는 음성 인식 기술이 단순히 텍스트 변환에 그치지 않고, 실제 대화 상황에서의 맥락 파악과 응답으로 발전하는 데 기여하게 된다.
- **텍스트 정보**: 멀티모달 데이터와 함께 사용될 때, 텍스트 데이터는 핵심 맥락과 의미를 보완하며 전체적인 이해를 돕는다.

이처럼 LMM은 데이터를 단일 차원으로 처리하는 것이 아니라, 다양한 형태의 데이터를 융합하여 더 깊이 있는 인사이트를 도출하게 되며, 이는 AI가 단순히 정보를 해석하는 데 그치지 않고, 실제 상황에서의 의사결정과 행동으로 연결될 수 있음을 보여 주는 것이다.

LMM의 도전 과제와 극복 방안

이와 같이 LMM의 잠재력은 매우 크다. 하지만, 이를 실현하기 위해서는 아래와 같이 몇 가지 기술적 및 윤리적 도전 과제를 반드시 해결해야 한다.

1. 컴퓨팅 리소스 문제

LMM 모델은 데이터를 학습하고 처리하기 위해서는 기존의 LLM 모델에 대비하여 막대한 컴퓨팅 자원을 필요로 한다. 이를 해결하기 위해 클라우드 기반의 고효율 컴퓨팅 환경이나 에너지 효율적인 AI칩셋 개발이 병행되어야 한다.

2. 데이터 품질 확보

다양한 형태의 데이터를 학습시키기 위해서는 고품질의 데이터가 필수적이다. 데이터 전처리 기술과 정제 과정을 강화하여 AI가 학습하는 데이터의 일관성을 확보해야 한다.

3. 윤리적 문제

멀티모달 데이터를 수집하고 처리하는 과정에서 개인 정보와 프라이버시 침해 문제가 발생할 가능성이 매우 높은 상황이다. 이를 해결하기 위해 데이터 사용에 대한 명확한 지침과 규제 대응을 위한 전략적 방향성 확보가 필요하다.

2025년 LMM이 그리는 미래

이처럼 LMM은 텍스트 중심의 정보 처리 모델을 넘어, 인간처럼 세상을 다각적으로 이해하는 AI로의 진화를 이끌 것이다. 이러한 변화는 AI의 적용 가능성을 기존보다 훨씬 더 광범위하게 확장하며, 산업과 일상 전반에서 새로운 혁신을 가능하게 하는 형식으로 발전하게 될 것이다.

2025년은 LMM이 본격적으로 도입되며, 다양한 산업에서 실질적인 가치를 창출하는 원년이 될 것이며, 더 나아가 이러한 기술은 인간의 경험과 상호작용을 보완하며, AI와 인간의 공생 관계를 한 단계 더 발전시킬 것이다.

6.4
LAM(Large Action Model)의 확산

AI의 새로운 패러다임: 이해를 넘어 행동으로

2025년은 AI 기술이 인간의 언어를 이해하고 처리하는 데서 한 걸음 더 나아가 실제 행동을 수행하는 단계로 진입하는 해가 될 것이다. 이러한 기술적 진화를 이끄는 중심에는 LAM(Large Action Model, 대규모 액션 모델)이 있다. 기존의 LLM(Large Language Model)과 LMM(Large Multimodal Model)이 정보를 이해하고 생성하는 데 중점을 두었다면, LAM은 AI가 물리적 세계에서 행동을 통해 가치를 창출하도록 설계되어 새로운 가치를 실현하는 단계로 진화하고 있다.

이 LAM의 개념은 Rabbit AI에서 도입한 이후, 상당한 주목을 받고 있다. 이 회사는 AI가 텍스트 기반 상호작용을 넘어 디지털 및 물리적 세계에서 직접적인 조치를 취할 수 있는 방법을 보여 주고 LAM에 대한 사용 가능성을 보여 주며 주목을 받고 있다.

예를 들어, 고객이 챗봇과 대화하여 비밀번호를 재설정한다고 가정해 보자. 챗봇에 LLM 기능이 있는 경우, 질문을 이해하고 텍스트 기반

응답을 생성하여 고객에게 비밀번호를 재설정하는 방법에 대한 정보를 제공하게 될 것이다. 반면 대규모 작업LAM은 요청을 이해하고 고객을 대신하여 비밀번호를 재설정하여 조치를 취하게 된다.

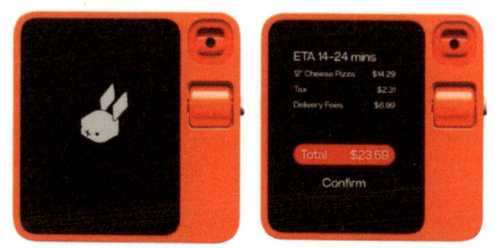

Rabbit 'R1'에서 음성으로 피자를 주문하는 예시 화면 (출처: Rabbit AI)

이처럼 LAM의 등장은 AI가 단순히 '말하는 도구'에서 벗어나, 직접적인 행동을 통해 문제를 해결하거나 작업을 수행하는 '행동하는 도구'로 진화하게 됨을 의미하는 것이다. 이는 제조, 물류, 서비스, 가정용 로봇 등 다양한 분야에서 혁신적인 변화를 불러올 것이 틀림없을 것이다.

LAM의 핵심: 행동을 위한 데이터와 학습

이처럼 LAM이 기존 AI 모델과 다른 점은 단순한 정보 처리에 그치지 않고, 실제 행동을 수행하기 위한 데이터와 알고리즘을 학습한다는 점이다. LAM은 물리적 세계의 다양한 시나리오에 대한 데이터를 학습하고, 이를 바탕으로 작업을 설계하고 실행하게 된다.

예를 들어, 가정용 로봇이 설거지를 수행한다고 가정해 보자. 이 로봇은 다음과 같은 일련의 작업을 필요로 할 것이다.

1. 주방의 환경을 인식(시각적 데이터)
2. 더러운 접시를 식별(이미지 분석 및 분류)
3. 접시를 집는 동작을 계획 및 실행(동작 계획)
4. 물과 세제를 사용해 설거지를 수행(다단계 행동 수행)

LAM은 위와 같이 이러한 복잡한 행동을 체계적으로 학습하고, 실제 환경에서 이를 효과적으로 수행할 수 있는 능력을 제공하게 되는 것이다.

LAM의 응용 분야

결국, LAM은 물리적 세계에서 AI의 응용 가능성을 획기적으로 확장할 수 있는 잠재력을 가지는 형태로 발전하게 될 것이다. LAM의 주요 응용 사례를 들면 다음과 같다.

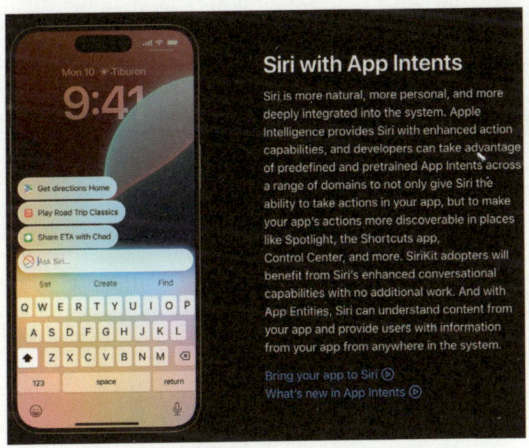

Apple 'Siri'를 통한 LAM 구현 화면 (출처: Apple)

1. 산업용 로봇

공장에서 LAM 기반 로봇은 조립, 포장, 검수와 같은 작업을 수행하며, 인간 노동력을 대체하거나 보조하는 역할을 하게 될 것이다. 기존의 단순 반복 작업을 넘어, 다양한 작업 환경에서 유연하게 행동을 조정할 수 있는 능력을 갖추게 됨을 의미한다.

2. 휴머노이드 로봇

인간과 비슷한 크기와 동작 능력을 가진 휴머노이드 로봇은 가정, 의료, 서비스 산업에서 더욱 중요해질 것이다. 예를 들어, 고령자 돌봄 로봇이 약을 전달하고, 정서적 대화를 나누며, 응급 상황에서 도움을 제공할 수 있게 될 것이다.

3. 스마트 가전

LAM은 가전제품에도 적용될 수 있다. 예를 들어, 세탁기가 사용자의 음성 명령에 따라 세탁 코스를 설정하고, 건조 후 옷을 정리해 주는 행동을 수행하게 되어, 인간의 단순한 삶의 영역을 넘어 생활의 품질을 높이는 데 도우미로서의 역할을 수행하게 된다.

4. 자율 이동 기기

드론, 자율주행차, 배송 로봇 등과 같은 자율 이동 기기의 LAM은 기술적 혜택을 통해 더욱 정교하고 안전한 작업을 수행할 수 있게 된다. 특히 물류 및 유통 산업에서 LAM은 비용 절감과 효율성 증대를 동시에 가져올 수 있게 된다.

5. 엔터프라이즈 환경

LAM은 AI 기반 업무 자동화에서도 중요한 역할을 할 것이다. 예를 들어, AI 비서가 단순히 일정 관리나 이메일 작성에 그치지 않고, 클라우드 서버를 설정하거나 코드 디버깅까지 수행할 수 있는 수준으로 발전하게 될 것이다.

LAM의 주요 기술: Lang Chain과 Function Call

이러한 LAM의 성공적인 구현을 위해서는 외부 시스템과의 긴밀한 연동이 필수적이다. 랭체인(Lang Chain)과 펑션콜(Function Call)은 이러한 기술적 요구를 충족하는 핵심 도구로, LAM이 외부 API, 로봇 제어 시스템, IoT 기기 등과 통합되도록 지원하는 기술적 기반이 될 것이다.

- Lang Chain: LAM이 외부 데이터를 실시간으로 가져오고 이를 기반으로 행동을 설계할 수 있도록 하는 기술
- Function Call: AI가 단순히 데이터를 처리하는 데 그치지 않고, 특정 작업을 실행하도록 외부 프로그램이나 서비스에 명령을 내릴 수 있도록 하는 기술

LAM의 도전 과제와 윤리적 고려

이처럼 LAM(Large Action Model) 기술이 지닌 잠재력에 대한 기대가 점차 높아지고 있다. 강력한 처리 능력과 자동화 기능을 갖춘 LAM

은, 방대한 데이터를 동시에 분석해 실시간 의사결정을 내리고 직접 행동으로 옮길 수 있다는 점에서 기존의 인공지능 모델과 확연히 구분된다. 이를테면 자율주행 로봇이나 자동화된 물류 시스템처럼, 인간의 개입을 최소화하고도 상당히 복잡한 작업을 처리하는 미래형 서비스를 상상해 볼 수 있다. 하지만 이러한 무한한 가능성에도 불구하고, 어떻게 안전을 보장하고, 개인 정보를 보호하며, 사회적 합의를 이끌어 낼 것인가 하는 문제는 결코 간단치 않다.

우선, LAM이 스스로 복잡한 결정을 내리는 과정에서 안전성 문제가 제기된다. 전통적인 자동화 시스템처럼 사전에 정해진 규칙만 따르는 것이 아니라, 알고리즘의 판단과 동적 학습을 바탕으로 움직이다 보니, 예상치 못한 상황에서 오류나 오작동이 발생할 수 있다. 예컨대 자율주행차가 센서 정보 오인으로 급작스러운 경로 변경을 한다면, 이는 곧바로 도로 위 사고로 이어질 수 있다. 따라서, LAM 기술을 개발하고 도입하는 과정에서는 강력한 검증 시스템과 피드백 루프가 필수적이다. 오작동을 조기에 감지·차단하고 문제 발생 시 빠르게 복구하는 프로토콜이 마련되지 않으면, LAM 도입 자체가 위험 부담이 될 수 있기 때문이다.

안전성 다음으로 중요한 이슈는 프라이버시와 보안 문제다. LAM이 의사결정을 내리기 위해서는, 단순히 학습 데이터만 받는 것이 아니라, 외부 데이터와 긴밀히 연동되는 특성을 지닌다. 사용자 계정 정보, 위치 정보, 기업의 내부 자료 등 민감한 데이터가 실시간으로 교환되고 처리되는 환경에서, 보안 취약점이 발생한다면 치명적 피해가 이어질 가능성이 크다. 실제로 일부 기업에서는 LAM의 도입을 고려하면서 데이터 암호화, 네트워크 보안, 접근 권한 관리 등의 정보 보호 체계를 새롭게 설계하고 있다. 또 다른 한편으론, 사용자 입장에서 내 정보가 어디까지 공유되고 분석되는지 불안해하는 심리도 커질 수밖에 없다. 따라서 기업과 개발자는 기술 구현 단계에서부터 개인정보가 의도치 않게 유출되거나 오남용되지 않도록 면밀히 신경 써야 하며, 이에 대한 투명한 정보 공개와 사용자 동의 절차가 뒤따라야 한다.

한편, 사회적 수용성 문제 역시 간과할 수 없다. LAM은 한편으로는 인력 부족 문제를 해결하고 생산성을 높이는 열쇠가 될 수 있지만, 다른 한편으로는 인간 노동을 대체해 일자리 감소를 초래할 수도 있다. 제조 공정이나 물류 분야에서 대량으로 도입되면, 기존에 사람이 맡던 역할이 상당 부분 줄어들거나 완전히 사라질 가능성이 높다. 이럴 때 정부나 기업 차원에서 재교육 프로그램이나 노동 시장 재편 전략을 제시하지 않으면, LAM 기술 자체에 대한 거부감이 확대되어 결국 기술의 발전이 사회적 갈등을 일으키는 결과로 이어질 수 있다. 또한, 윤리적 논의를 충분히 거치지 않은 채 LAM이 광범위하게 쓰이게 된다면, 인간의 의사결정 능력과 책임 소재가 모호해지는 문제가 발생한다. "잘못된 결정에 대한 책임은 누구에게 있는가?"라는 질문은, 자동화 시스템 활용이 늘어날수록 갈수록 중요한 쟁점이 될 수밖에 없다.

결국, LAM이 가진 뛰어난 가능성을 활용하면서도 안전하고 공정한 방식으로 기술을 정착시키기 위해서는 종합적인 접근이 이루어져야 한다. 기업과 연구기관은 모델의 성능 향상뿐 아니라, 안전성과 보안성 검증 프로세스를 체계적으로 구축해야 한다. 정부와 사회는 노동·교육

정책과 같은 거버넌스 체계를 마련해, LAM이 가져올 미래에 대비해야 한다. 무엇보다, LAM이 우리 사회에 미칠 영향에 대해 포괄적이고 투명한 정보를 공유하면서, 다양한 이해관계자 간 공론화가 활발히 이뤄져야 할 것이다.

이렇듯 LAM은 단순한 기술 혁신 그 이상을 의미한다. 지금 당장은 실험적이거나 제한된 분야에서만 도입이 이루어지고 있을지 몰라도, 장기적으로 보면 산업 전반에 걸쳐 영향을 미칠 가능성이 크다. 우리가 LAM의 미래에 대해 논의할 때, 그 긍정적 효과와 더불어 안전·프라이버시·사회적 합의라는 세 가지 축을 함께 주시해야 하는 이유가 바로 여기에 있다.

LAM이 가져올 AI의 미래

LAM의 확산은 AI 기술이 단순한 데이터 처리 도구에서 인간의 행동을 모방하고 이를 초월하는 단계로 진화하고 있음을 보여 준다. 이는 산업과 가정, 공공 영역에서 AI가 실질적인 가치를 제공할 수 있는 혁신적인 도구로 자리 잡게 함을 의미하는 것이다.

2025년은 이러한 기술이 실질적으로 구현되고, 다양한 산업에서 활용 사례를 만들어 가는 원년이 될 것이다. 또한, LAM은 AI의 활용 범위를 물리적 세계로 확장하며, 인간의 삶과 비즈니스 환경 전반에 새로운 기회를 열어 줄 것이다.

6.5
On-Device AI로의 확장

AI 기술의 진화: 디바이스 자체에서 실행되는 AI

2025년에는 On-Device AI(온디바이스 AI)가 AI 기술 발전의 새로운 축으로 떠오를 전망이다. 기존의 클라우드 기반 AI는 강력한 연산 능력을 활용해 복잡한 작업을 처리하는 데 적합했으나, 데이터 전송과 보안 문제, 처리 지연 및 높은 비용이라는 한계를 갖고 있었다.

반면, On-Device AI는 디바이스 자체에서 AI 작업을 실행하도록 설계되어 이러한 문제를 극복할 수 있는 대안으로 부상하고 있다.

서버에 의존하지 않고, 인터넷 연결도 필요 없이
인공지능 연산이 사용자의 디바이스에서 바로 수행되는 것
On-Device의 개념

On-Device AI는 데이터가 디바이스 내부에서 처리되기 때문에 빠르고 효율적이며, 클라우드 의존도를 줄임으로써 데이터 프라이버시를

강화할 수 있으며, 이는 소비자 디바이스부터 산업용 IoT(사물인터넷)까지 다양한 영역에서 새로운 혁신을 가능하게 하며, 생성형 AI와 소규모 AI 모델의 발전을 더욱더 가속화하는 형태로 발전하게 될 것으로 보인다.

On-Device AI의 기술적 특징

정보 보호 및 개인화
- 개인정보 데이터가 서버로 전송되지 않아 규제/보안 문제없이 개인화
- 오로지 나에게 맞춰진 AI 서비스 가능

빠른 응답
- 기기에서 즉각 실행되는 편의성
- 실시간 의사 결정이 필요한 자율주행·통역·음성인식 등에서 필수

인터넷 연결 불필요
- AI에 대한 신뢰성이 중요한 영역에서 인터넷 연결 우려 해결
- 막대한 데이터센터 비용/전력 절감

On-Device의 장점

1. 컴퓨팅 파워의 디바이스 내장화

최신 디바이스는 강력한 AI칩셋을 내장하여, 클라우드의 도움 없이도 복잡한 연산을 처리할 수 있다. 예를 들어, 스마트폰에 탑재된 NPU(Neural Processing Unit)나 TV의 AI 프로세서가 대표적이다. 이러한 칩셋은 저전력으로 고효율 연산을 가능하게 하여, 실시간 AI 처리를 지원하게 된다.

2. 실시간 데이터 처리

On-Device AI는 데이터를 디바이스 내에서 처리하기 때문에 클라우드로 데이터를 전송하고 결과를 다시 수신하는 과정을 없앨 수 있다.

이는 실시간 성능이 중요한 자율주행차나 드론, 스마트 가전 등에 필수적이다.

3. 프라이버시 및 보안 강화

데이터가 디바이스 내부에서 처리되므로, 개인 정보가 외부 서버로 전송될 필요가 없다. 이는 민감한 정보를 다루는 금융, 의료, 스마트 홈 환경에서 특히 중요하게 수용하게 되는 부분이다.

4. 특화된 AI 모델 활용

On-Device AI는 대규모 모델 대신 특정 작업에 특화된 경량화 AI 모델(예: Small LLM)을 활용하게 될 것이다. 이는 디바이스의 메모리와 전력 제한 내에서 높은 효율성을 발휘하도록 설계되어, On-Device로의 발전에 기본적인 부분으로 LLM과 함께 더욱더 고도화된 모델의 형식으로 발전될 전망이다.

On-Device AI의 주요 응용 분야

On-Device AI는 다양한 산업과 소비자 디바이스에 걸쳐 아래와 같이 중요한 역할을 수행한다.

삼성의 On-Device 제품 사례 (출처: 삼성전자)

1. 스마트폰 및 웨어러블 기기
- **음성 명령 처리**: 인터넷 연결 없이 디바이스에서 음성을 인식하고 처리
- **이미지 개선**: 사진 및 동영상을 실시간으로 향상시키는 기능
- **개인화된 사용자 경험**: 사용자의 행동 패턴을 학습하여 맞춤형 서비스를 제공

2. 스마트 가전
- **8K TV**: 저해상도 영상을 실시간으로 업스케일링하여 고품질 화면을 제공
- **스마트 냉장고**: 내부 식품 데이터를 분석하고 최적의 조리법을 추천

3. 자동차 및 자율주행 시스템
- 차량 내부에서 모든 AI 처리를 수행하여 외부 네트워크 의존도를 줄이고, 지연 없는 실시간 분석과 결정을 지원

  (예: 충돌 방지, 실시간 경로 변경, 차량 내부 경험 개선)

4. 산업용 IoT 및 스마트 공장
- IoT 기기에서 발생하는 데이터를 클라우드로 전송하지 않고, 현장에서 분석하고 처리하여 공정 속도와 정확성을 높임

5. 헬스케어 디바이스
- 웨어러블 건강 모니터링 장치가 클라우드 없이 실시간으로 심박수, 혈압 등의 데이터를 분석하여 응급 상황을 즉각적으로 알림

On-Device AI의 도전 과제와 해결 방안

하지만, 이러한 On-Device AI도 해결해야 할 도전 과제가 있다.

1. 제한된 리소스

디바이스는 클라우드에 비해 메모리와 처리 능력이 제한적이다. 이를 극복하기 위해 경량화 된 모델 설계와 고효율 알고리즘 개발이 중요하다.

2. 고도화 된 칩셋 설계 필요

AI칩셋은 전력 소모를 최소화하면서도 고성능 연산을 지원해야 하기 때문에, 최신 NPU와 TPU 설계는 이러한 요구를 충족하기 위한 핵심 기술로 이미 자리 잡고 있으며, NVIDIA, 퀄컴, 삼성전자 등 글로벌 반도체 기업들은 칩셋 설계 고도화를 꾀하고 있다.

삼성전자 엑시노스 2200(좌) LG전자 DQ-C(우) (출처: 삼성전자, LG전자)

추가적으로, GPU 독보적인 NVIDIA 대항마로 주목받는 반도체 설계 기업 '텐스토렌트'가 일본에서 반도체 설계 수탁 사업을 시작하는 등 AI 산업 생태계에서 범용 메모리와 오픈소스 등을 활용한 고도화된 AI칩 설계를 목표로 글로벌 반도체 기업들은 도태되지 않기 위한 경쟁적인 행보를 이어 가고 있다.

3. 데이터 품질 관리

On-Device AI는 클라우드와 달리 데이터 업데이트가 제한될 수 있다. 따라서 정기적인 소프트웨어 업데이트와 로컬 데이터 학습 기술이 필요하다.

On-Device AI가 그리는 미래

이처럼 앞으로 On-Device AI는 AI 기술의 민주화를 이끄는 핵심 동력이 될 것이다. 또한, 소비자와 산업 환경에서 AI 활용의 장벽을 낮추고, 더 나은 속도, 비용 효율성, 프라이버시 보호를 제공하게 될 것이다.

2025년에는 On-Device AI가 TV, 스마트폰, 자동차, 의료기기, 제조 공정 등 다양한 영역에서 혁신적인 변화를 이끌어 낼 것이며, 이러한 기술 발전은 AI가 우리의 일상에 더욱 깊숙이 스며들게 하는 계기가 될 것이다.

7장

AI와 인류의 미래: AI는 어디로 가고, 무엇을 준비해야 하는가?

여기까지 『멈춰선 당신, 달려가는 AI』(부제: 미래를 이끄는 AI 리터러시)에 대해서 필자와 함께 전반적인 내용을 함께 나누어 보았다. 현재의 AI 발전에 대하여 이미 우리는 우리 사회와 산업 전반에 미치는 영향을 바라보며 살아가고 있다고 느낄 것이라고 생각한다. 하지만, 이러한 변화와 영향의 체감 온도는 사람들의 업무 영역마다 많이 다를 것이다. 하지만, 그 차이를 인정하더라도 분명한 것은 초기의 단순한 도구적 기술에서 시작된 AI는 이제 인간의 삶 전반에 스며들어 새로운 패러다임을 깊숙이 만들어 가고 있다.

AI는 인간의 노동을 보조하고, 창의적 작업을 돕고, 사회적 문제를 해결하는 데 큰 잠재력을 보여주고 있다. 그러나 기술의 발전은 단순한 진보를 넘어, 인간 존재와 가치를 다시 묻는 철학적 도전을 동반한다.

여기까지 필자의 책을 읽은 여러분들은 이미 '지금의 시대는 AI와 인류의 미래는 불확실성과 가능성이 공존하는 영역이 되었다.'라고 생각할 수 있을 것이다. 또한, 이전에 여러 차례 언급한 바와 같이 'AI는 단순히 자동화와 효율성을 제공하는 도구에 머물지 않음'을 느낄 것이라고 생각할 것이다. 그것은 인간의 인지 능력과 결합해 새로운 차원의 협업을 가능하게 하고, 그로 인해 산업, 예술, 교육 등 다양한 분야에서 인간과 AI의 경계가 희미해지고 있다는 것을 의미하는 것이다.

마지막 장인 이 장에서는 이러한 생성형 AI 급속한 발전으로 인하여, AI와 어떻게 공존해야 하는지 그리고 AI의 단기적 목표 단계인 AI 에이전트와 AGI(인공 일반 지능)를 위한 우리의 준비와 AI 시대에 인간다운 삶을 유지하기 위한 중요한 질문들을 던져 보며, 'AI Literacy(AI 리터러시)' 측면에서 앞으로의 미래 설계를 어떻게 모색하고 준비해야 할지에 대하여 정리해 보며 마칠까 한다.

7.1
AI의 미래는 어디로 가고 있는가?

인공지능(AI)의 발전 속도는 이제 거스를 수 없는 시대적인 상황이다. 이전의 인터넷 혁명, 스마트폰의 혁신, 소셜 시대와 지금의 인공지능(AI) 변화와 그 발전 속도는 비교할 수 없을 만큼 빠르게 변화되고 있다. 가히 혁신의 가속화라고 불릴 만하다. 앞으로 그 변화의 주기와 혁신의 속도는 더 빠를 것으로 생각된다.

개인용 컴퓨터에서 소셜 미디어까지 발전 과정

특히, 첫 번째로 주목해야 할 점은 "2025년은 이전 2024년과는 다르게, 기본적으로 세상을 바꾸거나 변화를 주도할 수 있는 기술이 2024년의 여러 가지 과정을 통해서 검증되었다"라는 점이다.

흔히, 대규모 언어 모델(LLM)에서 OpenAI사의 ChatGPT를 포함해, 생성형 인공지능 기술이 본격적으로 일반 사용자에게 보급되어 서비스를 사용할 수 있게 된 시간은 불과 채 2년이 지나지 않았다. 하지만, 위와 같이 IT기술의 역사적 변화를 보았을 때, 인공지능(AI)은 역대 기술 중에서 가장 빠르게 성장하고, 가장 빠르게 검증된 기술이라는 얘기이기도 하다. 인터넷의 혁명은 보통 6년에서 7년의 시간이 걸렸던 것을 비교하면, 인공지능(AI)은 거의 5배 이상 빠르다는 의미이다.

다음으로 "AI 에이전트 시대가 시작되었다"라는 점이다. 이러한 AI 에이전트의 시작은 단순히 텍스트의 프롬프트를 통해 텍스트 형식의 답변을 받는 구조가 아닌, '문제 해결 집중'을 의미하는 것이다. 여기에서 문제 해결이라는 의미는 기업과 산업 그리고 각 개인에게 이르기까지, 각자가 가지고 있는 지적 노동의 결과물 또는 지적 노동을 통한 모든 의사결정을 의미한다. 결과적으로, 인공지능(AI)은 모든 사업 분야에 걸쳐 의사결정에 영향을 미치게 될 것이라는 점이며, 이러한 측면에서 2025년도 한 해는 AI 에이전트의 한 해가 될 정도로 급속히 확대·발전할 전망이다.

이처럼, 인공지능(AI) 기술 혁신의 역사에서 시장 지배력의 확보는 핵심적인 내용이다. 특히 주목할 만한 점은 AI 시장이 보여 주는 진화의 속도와 그 양상이다. 이전에 여러 차례 나눈 내용과 같이, 이제 AI 기업들은 단순한 기술력 과시를 넘어, 실질적인 비즈니스 가치 창출로 그 무게 중심을 옮기고 있다는 것이다.

사실 AI 글로벌 기업들은 물밑에서 지난 2여 년 동안 눈에 보이지 않지만, AI 발전과 변화가 현실적으로 어떤 문제를 해결하고 어떻게 개선이 될 수 있을지에 대한 개념 검증의 파일럿 프로젝트인 'POC(Proof Of Concept, 프루프 오브 콘셉트)'와 같은 많은 프로젝트와 실험들이 있었다. 이러한 과정으로 많은 User Case와 활용 그리고 실용 사례들을 개발하였고, 그 결과로 많은 스타트업 출현과 함께 새로운 매출 구조를 만들기 시작하였으며, 시장 지배력을 넓혀 가고 있다.

시장 지배력의 새로운 패러다임

초기 시장에서 기업이 확보해야 할 가장 중요한 요소는 시장 지배력이다. 특히 빠르게 성장하는 시장일수록, 초기의 시장 점유율은 향후 시장 지배구조를 결정짓는 핵심 요인이 된다. 이러한 측면에서 2025년의 AI 시장은 전환점에 서 있다. 각각의 산업 분야와 특정 도메인에서, AI 기술을 실제 비즈니스에 적용하고 시장을 선점하는 기업들이 두각을 나타내기 시작할 것이기 때문이다.

이는 AI 기업들의 진화 양상을 잘 보여 준다. 지난 몇 년간 AI 기업들의 주된 메시지가 "우리는 최고의 기술을 보유하고 있다"였다면, 이제는 "우리는 실질적인 수익을 창출하고 있다"로 변화하고 있다는 것이다.

캐즘(Chasm)을 넘어서: AI 기술의 대중화

경영학에서 '캐즘(Chasm)'이라고 말하는 것이 있다. 필자가 말하고자 하는 '캐즘(Chasm)'이란, 혁신적인 기술이 초기 시장에서 주류 시장으로 넘어가는 과정에서 마주치는 심연을 말하고자 한다.

제프리 무어 '캐즘(Chasm)'의 의미

과거에 많은 기술들이 심연이라고 하는 깊은 골짜기에서 멈추곤 했다. 그러나 AI 기술은 이 캐즘을 놀라운 속도로 극복하고 있다. 이는 기술의 실용화와 수익 모델의 확립이 동시에 이루어지고 있음을 보여주는 것이다.

이러한 변화의 속도는 앞에서 언급한 인터넷의 발전 과정과 비교해 보면 더욱 분명해진다. 'WWW(World Wide Web)'의 역사를 살펴보면, 컴퓨터 과학자인 팀 버너스리가 1989년에 이를 제안하고 첫 웹 브라우저가 등장한 1993년까지 약 4년이 걸렸다.

아마존이 1994년에 창업하고, 실질적인 수익을 내기 시작한 것은 2000년, 그리고 안정적인 흑자 전환은 2004년경에야 이루어졌다. 즉, 기술의 제안부터 비즈니스의 안정화까지 약 15년이라는 시간이 소요된 것이다.

AI의 가속화된 진화

반면 AI 기술의 발전과 비즈니스화는 이보다 2~3배 빠른 속도로 진행되고 있다. 이러한 가속화된 진화는 단순히 기술 발전의 속도만을 의미하는 것이 아니다. 이는 기술의 사회적 수용과 비즈니스 모델의 확립, 그리고 시장의 성숙이 동시다발적으로 이루어지고 있음을 의미한다.

이러한 빠른 진화는 필연적으로 다음 단계에 대한 예측을 더욱 어렵게 만든다. 그러나 분명한 것은, AI 기술이 만들어 내는 변화의 속도와 범위가 우리가 경험했던 어떤 기술 혁신보다도 더 광범위하고 근본적일 것이라는 점이다.

이러한 변화의 물결 속에서, 기업들은 더 이상 단순한 기술력의 과시에 머물러서는 안 된다. 실질적인 비즈니스 가치를 창출하고, 시장에서의 실질적인 영향력을 확보하는 것이 핵심 과제가 될 것이다. 이는 AI 기술이 진정한 의미의 '기술 혁신'을 넘어, 비즈니스와 사회 전반의 근본적인 변화를 이끄는 동력이 되고 있음을 보여 준다. 이처럼 기술의 발전은 때로 예상치 못한 지점에서 새로운 선환점을 맞이한다.

AI 기술의 발전 궤적을 살펴보면, 우리는 지금 그러한 전환점에 서 있음을 감지할 수 있다. 앞으로 3년에서 5년 동안, AI 기술은 현재의 놀라운 발전 속도를 유지할 것으로 전망된다. 7년 전 구글이 트랜스포머(Transformer) 모델을 발표했을 때와 비교하면, 현재 우리는 약 100배에 달하는 기술적 진보를 목격하고 있으며, 이러한 추세는 향후 5년에서 10년간 지속될 것으로 예측된다.

기술 발전의 새로운 변곡점

그러나 우리는 동시에 현재 AI 발전 방식의 한계점도 마주하고 있다. 세계 유수의 기업들이 인식하기 시작한 중요한 사실은, 단순히 AI의 규모를 키우는 것만으로는 더 이상 의미 있는 진보를 이루기 어렵다는 점이다. 이는 AI 발전의 패러다임 자체가 변화해야 할 시점에 도달했음을 시사하는 부분이다.

현재까지 AI의 발전은 주로 '더 큰 뇌'를 만드는 데 집중되어 왔다. 그러나 이제는 단순한 규모의 확장을 넘어, 질적 도약이 필요한 시점에 이르렀다. 이는 마치 생물의 진화 과정에서 단순한 크기의 증가가 아닌, 새로운 기능의 획득이 필요했던 순간들을 떠올리게 한다.

하드웨어에서 소프트웨어로: 산업 구조의 재편

AI 산업의 중심축도 변화하고 있다. NVIDIA로 대표되는 하드웨어 중심의 시장에서, 이제는 소프트웨어 중심의 혁신으로 무게중심이 이동하고 있다. 이는 인터넷 시대의 발전 과정과 유사한 패턴을 보인다. 닷컴 버블 시기에 시스코의 네트워크 장비가 초기 성장을 주도했듯이, AI 시대에도 초기에는 하드웨어가 중심이 되었다. 그러나 이제는 그 중심이 소프트웨어로 빠르게 이동하고 있는 것이다.

현재, AI 산업은 크게 세 가지 핵심축으로 구성되어 있다.
1. 하드웨어 인프라
2. 데이터센터와 같은 서비스 인프라
3. 소프트웨어와 서비스 플랫폼

특히 주목할 만한 점은, AI 데이터센터의 특수성이다. 기존의 데이터센터와는 비교할 수 없을 정도로 막대한 전력을 소비하는 이들 시설은, 소형 원자력 발전(SMR)과 같은 새로운 에너지 인프라 시장의 성장도 견인하고 있다.

전례 없는 성장과 변화의 속도

AI 시장의 성장 전망은 실로 놀랍다. 견해의 차이는 있겠지만, '마켓앤마켓(Market & Market)'이라는 리서치 전문가의 평가에 따르면, 2030년경, 전 세계 AI 시장 규모가 500조 원에서 800조 원에 이를 것으로 전망하고 있다.

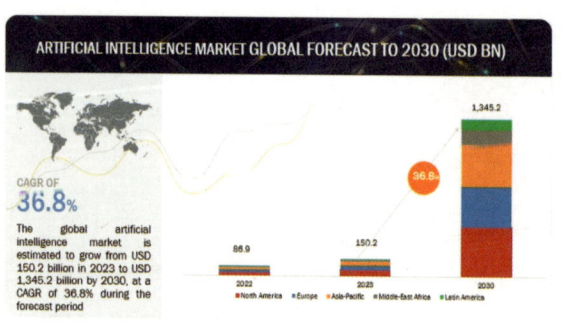

글로벌 AI 시장 규모 (출처: 마켓앤마켓)

특히, 주목할 만한 것은 그 성장 속도이다. 일반적인 고성장 산업이 연간 10~15%의 성장률을 보이는 것에 비해, AI 소프트웨어 시장은 보수적으로 봐도 연평균 38%, 적극적으로는 49%의 성장이 예상된다.

이는 국가 경제 성장률과 비교하면 더욱 극적이다. 현재, 한국의 잠재 성장률이 2% 수준임을 고려할 때, AI 산업의 40% 성장률은 무려

20배에 달하는 차이를 보인다. 이는 AI가 국가 경제 구조 자체를 변화시킬 수 있는 잠재력을 지니고 있음을 시사하는 부분이다.

이처럼, AI의 영향력은 특정 산업에 국한되지 않는다. 금융, 제조, 바이오, 헬스케어, 유통 등 거의 모든 산업 분야가 AI에 의한 변화를 경험하게 될 것이다. 특히 주목할 만한 점은, 빅테크 기업들이 전반적인 시장을 주도하더라도, 각 산업 분야별로 특화된 전문기업들의 역할이 더욱 중요해질 것이라는 점이다.

미래를 향한 도전과 과제

이러한 변화의 물결 속에서 우리에게 주어진 과제는 분명하다. 국가적 차원에서는 AI 관련 법안 등과 같은 지원적 제도와 규제적 기반 등을 신속히 마련해야 하며, 기업들은 변화하는 시장 환경에 맞춰 빠르게 적응해야 한다. 또한 중요한 것은 각 개인들도 이러한 시대적 변화의 흐름에 발 빠르게 적응하고 활용할 수 있는 능력을 키워야 한다.

AI는 인터넷과 스마트폰의 혁신 그리고 소셜 혁명이 가져온 변화를 훨씬 뛰어넘는 혁신을 예고하고 있다. 그리고 우리는 이미 그 혁신 내부에 들어와 있다. 이제 우리는 상상하기 어려울 정도의 변화를 목전에 두고 있으며, 2025년부터는 이러한 변화가 일상생활에서도 뚜렷이 체감될 것이다. 이러한 변화의 물결 속에서 우리의 성공적인 도약을 이루기 위한 'AI 리터러시'에 중요성을 마지막으로 필자의 글을 마치고자 한다.

7.2
새로운 문명의 언어의 배움 그리고 AI 리터러시

인류 문명의 역사를 돌아보면, 새로운 도구의 발명과 그에 따른 인식의 확장으로 점철되어 왔다. 문자의 발명이 인류의 지식 전수 방식을 근본적으로 변화시켰듯이, AI의 등장은 우리의 사고방식과 세계 인식 체계에 근본적인 변화를 가져오고 있다. 이러한 변화의 중심에서 'AI 리터러시(AI Literacy)'는 단순한 기술적 이해를 넘어, 새로운 시대를 살아가기 위한 필수적인 문해력으로 부상하고 있다.

디지털 문명의 새로운 이정표

우리는 지금 문명사적 대전환의 한가운데 서 있다. 불과 몇 년 전만 해도 빅데이터가 화두였고, 우리는 '데이터 리터러시'의 중요성을 강조했다. 그러나 이제 우리 앞에는 'AI 리터러시'라는 새로운 도전이 놓여 있다. 필자는 이는 단순한 기술 이해의 차원을 넘어, 새로운 시대를 살아가기 위한 필수적인 생존 역량으로 평가한다.

AI 리터러시는 단순히 AI 기술을 이해하고 활용하는 능력만을 의미하지 않는다. 이는 자신의 전문 영역에서 AI의 가능성을 인지하고, 이를 창의적으로 활용할 수 있는 통합적 역량을 의미한다. "이 문제는 내가 정확하게는 모르겠으나 AI로 풀 수 있을 것 같다"라는 직관을 발휘할 수 있는 능력, 바로 이것이 AI 리터러시의 핵심이다.

새로운 시대의 생존 법칙

우리 시대의 가장 중요한 통찰 중 하나는 "AI는 사람을 대체하지 않지만, AI를 사용하는 사람이 그렇지 않은 사람을 대체할 것"이라는 명제다. 이는 개인의 차원을 넘어 조직과 기업의 차원에서도 동일하게 적용될 것이라 본다. AI 자체가 기업을 대체하지는 않겠지만, AI를 효과적으로 활용하는 기업이 그렇지 않은 기업을 대체하게 될 것이라는 의미이다. 이 의미는 개인에게도 동일하게 적용될 수 있다.

AI 리터러시는 생각보다 이미 우리의 일상 가까이에 있다. 예를 들어, 일상적인 문서 작성과 커뮤니케이션(보도자료 작성, 이메일 커뮤니케이션, 프레젠테이션 작성, 여행 계획 작성, 논문 및 레포트 작성 등), 정보 처리와 분석(뉴스 및 기사 요약, 다국어 자료의 번역과 이해, 데이터 분석과 인사이트 도출 등)과 같은 영역에서 AI는 이미 기본안을 제공할 수 있는 이상 수준에 도달해 있다.

또한, 전문적인 기업 환경에서의 AI 리터러시는 더욱더 큰 전략적인 의미를 갖는다. 이러한 영역에서 AI는 단순히 작업의 효율성을 높이는 것을 넘어, 업무 이상의 질적 향상을 가능하게 한다.

생산성의 패러다임 전환

필자는 지난 50년이 육체노동의 기계화 시대였다면, 앞으로의 50년은 지적 노동의 AI화 시대가 될 것이고 본다. 이는 단순한 효율성 향상을 넘어선 근본적인 패러다임의 전환을 의미한다.

과거 산업화 시대에 크레인이 인간의 육체노동을 대체했듯이, AI는 특정 형태의 지적 노동을 대체하거나 강화하게 될 것이다. 이러한 변화는 마치 PC의 도입이 사무 환경을 근본적으로 변화시켰던 과거의 시간 그 이상의 혁신을 가져올 것이다.

도메인 지식과 AI의 창조적 만남

지금의 AI 기술과 그 물결이 우리의 일상을 바꾸어 가는 지금, 우리는 새로운 형태의 지적 도전 앞에 서 있다. AI 전문가들이 한목소리로 강조하는 '도메인 지식의 중요성'은 단순한 구호가 아닌, AI 시대를 살아가는 우리에게 주어진 실존적 과제다. 이는 마치 항해사에게 있어 별자리를 읽는 능력이 필수였듯, AI 시대를 항해하는 우리에게 필요한 핵심 역량이 되어 가고 있다.

현장의 목소리에 귀를 기울여 보면, AI의 진정한 가치는 도메인 전문가들의 손에서 빛을 발한다는 것을 알 수 있다. 그들은 자신의 분야에 대한 깊은 이해를 바탕으로, AI가 풀어낼 수 있는 문제와 그렇지 않은 문제를 직관적으로 구분해 낸다. 이는 마치 숙련된 장인이 자신의 도구를 다루듯, AI를 자신의 전문성을 확장하는 도구로 활용하는 것이다.

실제 기업 현장을 들여다보면, AI의 적용은 결코 거창하거나 혁명적인 방식으로 시작되지 않는다. 오히려 일상적인 업무 과정에서 자연스럽게 시작된다.

예를 들어, 교육 강의 신청을 처리하는 단순한 업무에서부터, 고객 응대의 품질을 표준화하는 것까지, AI의 활용은 우리가 미처 생각하지 못했던 곳에서 시작되곤 한다.

이러한 맥락에서 AI 리터러시의 의미는 더욱 분명해진다. 그것은 단순히 AI 기술을 이해하는 것이 아니라, 자신의 전문 영역에서 AI의 가능성을 발견하고 이를 창의적으로 활용할 수 있는 능력이다.

특히 흥미로운 것은 프롬프트 엔지니어링을 둘러싼 논의다. 현재 이 분야는 과도기적 상황에 놓여 있다. 한편에서는 프롬프트 엔지니어를 AI 시스템과의 소통을 전문으로 하는 새로운 직군으로 보고, 다른 한편에서는 이를 곧 자동화될 일시적 현상으로 바라본다. 이는 마치 초기 컴퓨터 시대의 도스(DOS) 명령어 전문가들이 그래픽 사용자 인터페이스(GUI)의 등장으로 그 역할이 변화했던 것과 유사한 맥락과 같다.

그러나 이러한 변화 속에서도 변하지 않는 것이 있다. 그것은 바로 '도메인 전문성의 가치'이다. AI 시스템이 아무리 정교해져도, 결국 그것을 의미 있게 활용하는 것은 각 분야의 전문가들이다. 그들은 자신의 영역에서 발생하는 문제들을 정확히 이해하고, 이를 AI의 언어로 번역하여 해결책을 찾아낸다. 이러한 관점에서 보면, AI 리터러시는 새로운 시대의 '번역가' 능력이라고 할 수 있다. 그것은 현장의 문제를 AI가 해결할 수 있는 형태로 재구성하고, AI의 답변을 다시 현장의 맥락에 맞게 해석해 내는 능력이다. 이는 단순한 기술적 스킬이 아닌, 깊은 통찰과 창의적 사고를 요구하는 고차원적 역량인 셈이다.

미래의 AI 환경은 분명 지금보다 더욱 직관적이고 사용하기 쉬워질 것이다. 프롬프트 작성을 돕는 도구들이 등장하고, API 연동을 통해 더욱 자연스러운 상호작용이 가능해질 것이다. 그러나 이러한 변화 속에서도, 아니 오히려 그러한 변화 속에서 더욱더, 도메인 전문성과 AI 리터러시의 결합은 핵심적인 경쟁력으로 자리 잡을 것이다.

우리는 지금 기술과 인간성이 새롭게 만나는 시대를 살고 있다. 이 시대에 필요한 것은 기술에 대한 맹목적인 수용도, 거부도 아닌, 깊이 있는 이해를 바탕으로 한 창의적 활용이다. AI 리터러시는 바로 이러한 맥락에서, 우리 시대의 새로운 교양이자 필수적인 생존 역량으로 자리 잡아 가고 있다.

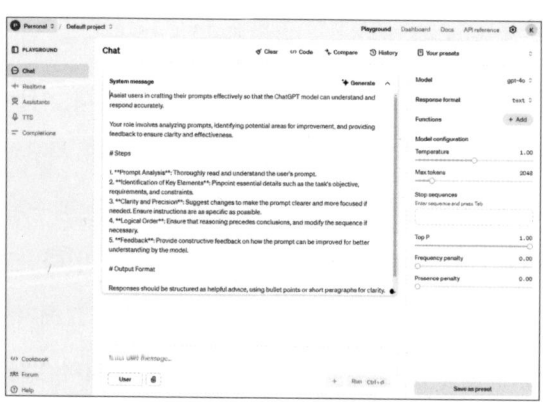

OpenAI의 프롬프트 Generate 기능을 제공하는 'Playground' 기능

이와 같은 기술의 흐름 속에서 우리는 끊임없이 변화하는 일의 의미를 마주하고 있다. AI가 가져올 변화에 대한 우려와 기대가 교차하는 지금, 우리에게 필요한 것은 보다 깊이 있는 성찰과 균형 잡힌 시각이다. 마치 산업혁명이 인류의 물리적 노동을 재정의했듯이, AI는 우리의 지적 노동에 대한 근본적인 재고찰을 요구하고 있다.

변화의 본질을 바라보며

변화는 이미 시작되었다. 키오스크가 일상이 되었고, 음성 주문이 자연스러워진 것처럼, AI는 조용히 그러나 확실하게 우리의 일상을 변화시키고 있다. 그리고 이러한 AI 변화와 혁신은 이 시간도 엄청난 속도로 변화하고 발전하고 있다. 그러나 이러한 변화의 본질은 단순한 대체가 아닌, 새로운 가치의 창출에 있다. 앞서 필자가 전달한 "AI가 사람을 대체하는 것이 아니라, AI를 사용하는 사람이 그렇지 않은 사람을 대체한다"라는 통찰은, 기술 혁신 시대를 살아가는 우리에게 중요한 화두를 던진다고 보아야 한다.

세대를 관통하는 변화의 물결

여기에서 주목할 만한 것은 이러한 변화가 세대별로 다른 양상으로 나타난다는 점이다. 주니어 세대들에게는 도전이자 기회가, 시니어 세대들에게는 적응과 혁신의 과제가 주어진다. 그러나 이는 단순한 세대 격차의 문제가 아니다. 오히려 우리는 각 세대의 강점이 새롭게 발현되는 흥미로운 현상을 목격하고 있다.

젊은 세대들은 AI와 함께 성장하며 자연스럽게 이를 활용하는 능력을 갖추게 될 것이다. 마치 오늘날의 디지털 네이티브들이 스마트폰을 자연스럽게 다루듯이, 미래의 세대는 AI를 일상적 도구로 받아들일 것이다. 반면, 경험이 풍부한 전문가들은 자신들의 도메인 지식을 AI와 결합하여 더욱 풍부한 가치를 창출할 수 있을 것이다.

생산성의 새로운 지평

또한, 우리가 생산 활동의 일의 양이 늘어난다는 것은 단순히 업무 시간의 증가를 의미하지 않는다. 오히려 이는 동일한 시간 내에 처리할 수 있는 데이터와 정보의 양이 폭발적으로 증가함을 의미한다. 8시간의 업무 시간은 여전히 8시간이지만, 그 시간 동안 창출할 수 있는 가치의 깊이와 너비는 크게 확장될 것이다.

이러한 변화는 알파고의 등장 이후 자율주행차의 발전 과정에서 보듯이, 혁신적 기술의 실제적 구현과 일상화에는 상당한 시간이 필요하다. 이는 우리에게 준비의 시간이 있음을 의미한다.

미래를 준비하는 우리의 자세

변화 앞에서 우리에게 필요한 것은 두려움이 아닌 준비이다. 스마트폰이 처음 등장했을 때를 떠올려 보자. 우리는 호기심과 즐거움으로 새로운 앱들을 탐험했다. 지금의 AI도 마찬가지이다. 이는 두려워할 대상이 아닌, 함께 탐험하고 성장해야 할 새로운 영역이다.

이러한 관점에서, AI 리터러시의 함양은 이 시대를 살아가는 우리 모두의 과제이다. 이는 단순한 기술 습득을 넘어, 새로운 시대의 문해력으로서 우리 삶의 필수적인 부분이 될 것이다. 마치 글을 읽고 쓸 줄 아는 능력이 근대 사회의 기본 역량이었듯이, AI 리터러시는 미래 사회의 기본 소양이 될 것이다.

새로운 시대를 향한 희망

　10년, 20년 후의 직장은 어떤 모습일까? 필자의 생각에는 아마도 그곳에서는 AI가 동료이자 협력자로서 함께 일하게 될 것이라 본다. 그러나 이는 인간의 역할이 축소됨을 의미하지 않는다. 오히려 우리는 더욱 창의적이고 본질적인 영역에 집중할 수 있게 될 것이다.

　변화는 이미 시작되었다. 그리고 이 책을 통해 함께한 모든 독자도 이러한 변화의 의미를 부인하지 않을 것이라 생각한다. 그러나 이는 끝이 아닌 시작이다. 우리에게 주어진 과제는 이 변화를 두려워하거나 거부하는 것이 아니라, 이를 통해 더 나은 미래를 만들어 가는 것이다. AI 시대의 진정한 승자는 기술 그 자체가 아닌, 기술을 창의적으로 활용하여 새로운 가치를 창출해 내는 인간이 될 것이다.

　결국, 우리가 마주한 것은 위기가 아닌 기회다. 이 기회를 어떻게 활용할 것인가는 전적으로 우리의 선택에 달려 있다. 변화를 두려워하지 말고, 이를 탐험하고 즐기며, 함께 성장해 나가는 여정을 시작해 보자. 그것이 바로 AI 시대를 살아가는 우리에게 주어진 가장 중요한 과제일 것이다.

> "마지막으로 여러분들이 AI의 방향성과
> 인류의 선택이 만들어 낼
> 새로운 시대의 윤곽을 함께 그려 보며,
> AI 기술이 우리의 삶을 지배하기보다,
> 우리의 삶을 풍요롭게 하기 위해 어떻게 활용될 수 있을지를
> 관심 깊이 생각해 보는 시간이 되었기를 기대해 본다."